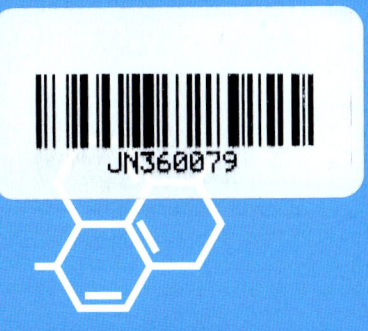
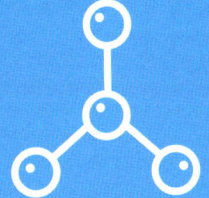

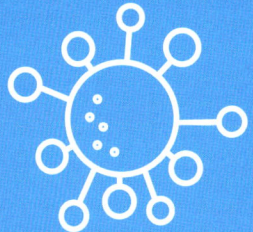

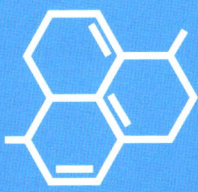

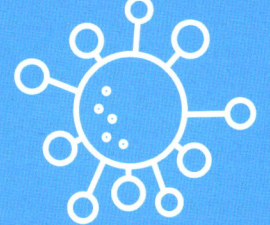
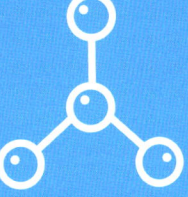

원자에서 빅뱅까지
세상의 모든 과학

자일스 스패로우 선생님은
작가이자 프리랜서 편집자로 활동하고 있습니다. 주로 일반인을 위한 과학책을 만듭니다. 특히 어린이들을 위한 과학 및 우주 관련 책을 여러 권 썼는데, 지은 책으로는 《태양계 너머 거대한 우주 속으로》가 있습니다.

김아림 선생님은
서울대학교 생물교육과를 졸업하고 같은 대학원에서 생물학의 역사와 철학, 진화 생물학을 공부해서 과학사 및 과학철학 협동 과정 석사 학위를 받았습니다. 현재 번역 에이전시 엔터스코리아에서 번역가로 활동 중입니다. 옮긴 책으로는《우리 행성 지구의 거의 모든 것》, 《조개는 왜 껍데기가 있을까?》, 《세상의 모든 딱정벌레》, 《가장 완벽한 지구책》, 《빅뱅이 뭐예요?》, 《뷰티풀 사이언스》 들이 있습니다.

원자에서 빅뱅까지
세상의 모든 과학

처음 찍은 날 | 2022년 10월 31일   처음 펴낸 날 | 2022년 11월 20일
글쓴이 | 자일스 스패로우   옮긴이 | 김아림

펴낸이 | 김태진
펴낸곳 | 다섯수레

기획편집 | 김경희, 김시완, 정헌경, 김미희, 서해나, 유슬기   디자인 | 정수연, 김다운
마케팅 | 이운섭, 천유림   제작관리 | 김남희

등록번호 | 제3-213호   등록일자 | 1988년 10월 13일
주소 | 경기도 파주시 광인사길 193(문발동) (우 10881)
전화 | (02) 3142-6611(서울사무소)   팩스 | (02) 3142-6615
인쇄 | ㈜로얄 프로세스
ⓒ 다섯수레, 2022
ISBN 978-89-7478-463-8 73400

Children's Encyclopedia of Science

Copyright © Arcturus Holdings Limited www.arcturuspublishing.com
Korean translation Copyright © 2022 Daseossure
License arranged through KOLEEN AGENCY, Korea.
All rights reserved.

이 책의 한국어판 저작권은 콜린 에이전시를 통해 저작권자와 독점 계약한 다섯수레에 있습니다.
신 저작권법에 의해 한국 내에서 보호를 받는 저작물이므로 무단 전재와 무단 복제를 금합니다.

과학 이야기를 시작하며

과학은 정말 놀라워요! 우리는 과학을 바탕으로 세계와 우주를 이해할 수 있어요. 우리의 일상도 과학 덕분에 바뀌어 왔지요. 과학은 사실을 발견하고 그 사실들을 설명하는 방법을 생각해 내며, 추측하고 증명하는 일을 말해요.

실험실에서 배우는 화학

화학은 고체, 액체, 기체부터 모든 것을 이루는 아주 작은 원자까지 물질들을 살펴보는 과학 분야예요. 서로 다른 물질들이 작동하는 방식과 규칙을 이해하면 놀라운 성질을 가진 새로운 물질을 만들어 낼 수도 있지요.

우주의 비밀을 밝히는 물리학

물리학은 열, 빛, 전기 같은 에너지와 다양한 힘, 역학, 파동을 연구해요. 또 원자의 구조와 우주가 작동하는 방식도 살펴보지요. 놀랍게도 물리학의 법칙은 은하계에서도 통해요!

화학자가 현미경으로 화학 반응을 관찰하고 있어요.

천둥과 번개는 여러 형태의 에너지가 함께 작용해서 일어나는 자연 현상이에요.

침팬지는 지구에서 살아가는 생물 수백만 종 가운데 하나예요.

지구의 생명체를 연구하는 자연사

자연사는 지구에 살아가는 수많은 식물과 동물, 그리고 과거에 살았던 생명체를 연구하는 학문이에요. 다양한 생물들이 어떻게 영향을 주고받는지, 환경이 생물에 어떤 영향을 주는지도 알아보지요. 또 세대를 거치며 점진적으로 일어나는 복잡한 진화의 과정을 자세히 들여다봐요.

제4장 :: 힘과 에너지

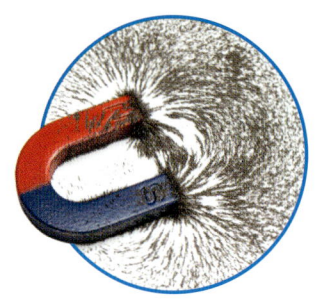

어디에나 있는 물리학	68	뉴턴의 운동 법칙	70
중력과 만유인력	72	파동	74
열과 에너지	76	전기와 자기	78
빛	80	눈에 보이지 않는 빛	82
보이지 않는 힘	84	아인슈타인이 본 우주	86

제5장 :: 공학

단순한 도구와 기계	88	엔진, 모터, 발전기	90
전자 공학	92	컴퓨터	94
디지털로 연결된 세상	96	비행기	98
스마트 소재	100	핵에너지	102
나노 기술	104	유전 공학	106

제6장 :: 지구와 우주

지구의 안쪽	108	대기와 날씨	110
지구의 물	112	지각	114
화산과 지진	116	지구와 달	118
태양계	120	항성과 은하	122
우주	124	빅뱅과 그 이후	126

차례

과학 이야기를 시작하며   6

제1장 :: 물질과 재료

물질의 상	8	고체	10
액체와 기체	12	원소	14
주기율표	16	암석과 광물	18
화학 반응	20	전기	22
원자 속으로	24	양자의 세계	26

제2장 :: 생물

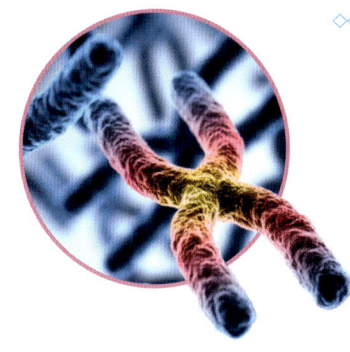

지구의 생물	28	DNA	30
세포의 구조와 기능	32	식물	34
동물	36	생태계	38
극한 환경	40	진화론	42
진화는 어떻게 일어날까?	44	생물의 역사	46

제3장 :: 인체

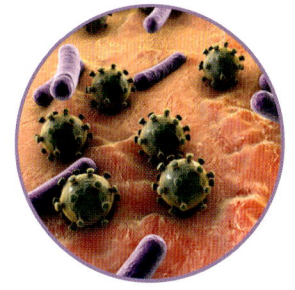

놀라운 몸	48	뇌	50
뼈와 근육	52	신경계	54
피부와 털	56	소화계	58
심장, 혈액, 폐	60	아기는 어떻게 생길까?	62
질병과 싸우는 면역계	64	스스로 치료하기	66

알고 있나요? **7** 과학

원자에서 빅뱅까지
세상의 모든 과학

자일스 스패로우 글 | 김아림 옮김

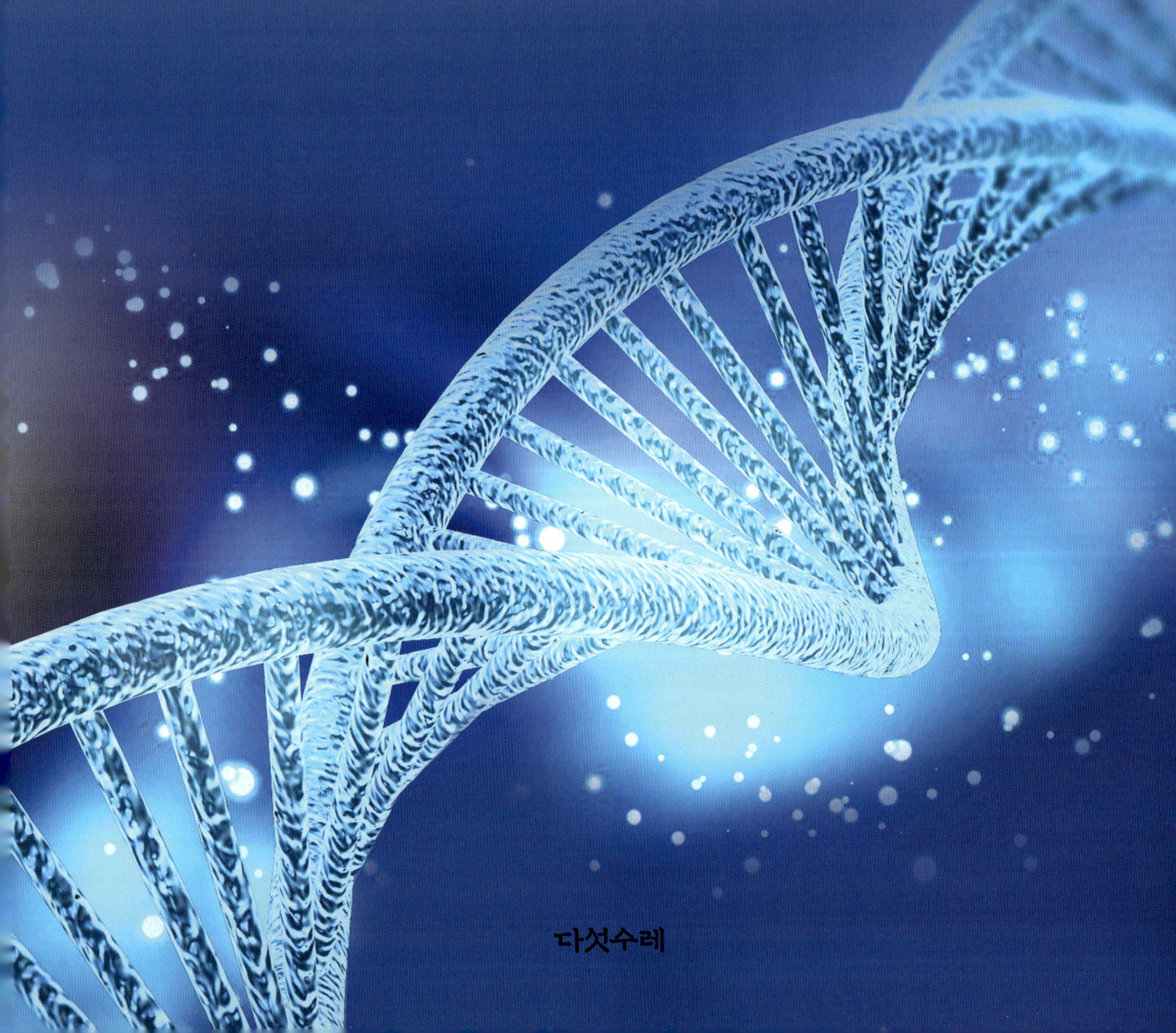

다섯수레

생물 안을 들여다보는 생물학

세포는 지구의 모든 생물을 이루는 기본 단위예요. 세포 여러 개가 모여 인간처럼 복잡한 유기체가 되지요. 생물학은 세포는 물론 살아 있는 유기체 안에 있는 세포 조직과 몸속 기관도 살펴요.

과학자들은 전자 현미경으로 머릿니처럼 작은 생물도 아주 자세하게 관찰할 수 있어요. 전자 현미경은 원자 속 입자를 연구하는 과학 분야에서 만들어 낸 획기적인 발명품이지요.

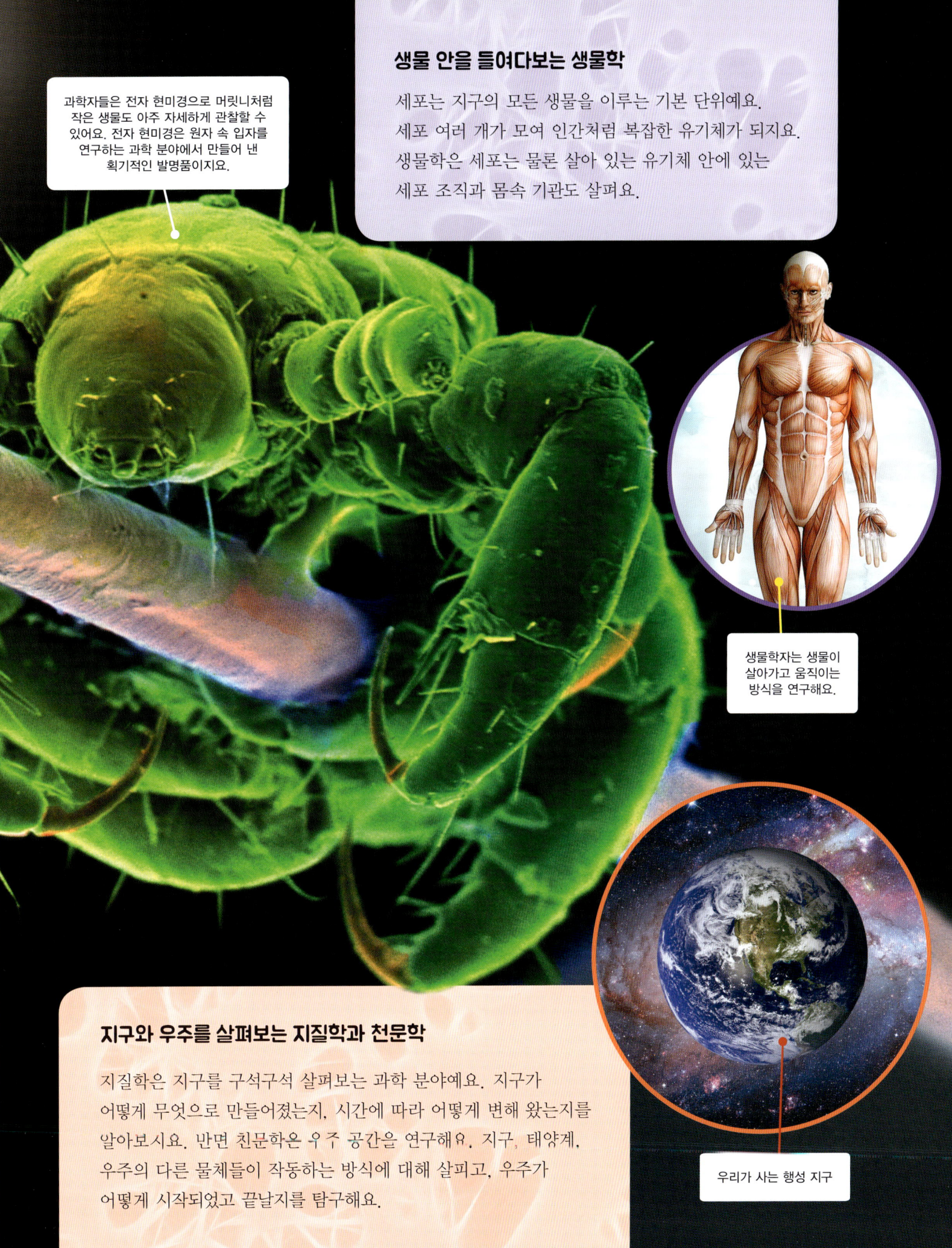

생물학자는 생물이 살아가고 움직이는 방식을 연구해요.

지구와 우주를 살펴보는 지질학과 천문학

지질학은 지구를 구석구석 살펴보는 과학 분야예요. 지구가 어떻게 무엇으로 만들어졌는지, 시간에 따라 어떻게 변해 왔는지를 알아보지요. 반면 천문학은 우주 공간을 연구해요. 지구, 태양계, 우주의 다른 물체들이 작동하는 방식에 대해 살피고, 우주가 어떻게 시작되었고 끝날지를 탐구해요.

우리가 사는 행성 지구

제1장 물질과 재료

물질의 상

우주는 물질로 이루어져 있고, 물질은 원자와 분자라는 아주 작은 입자들이 셀 수 없이 많이 모여 만들어져요. 이 입자들은 배열되고 결합되는 방식에 따라 고체, 액체, 기체 중 한 가지 형태를 띠지요. 이 형태들을 '상'이라고 해요.

입자들의 결합

고체 물질을 이루는 입자들은 단단하게 결합되어 있어 움직이지 않아요. 액체 물질의 입자들은 고체보다 느슨하게 결합되어 있어서 쉽게 흩어지기도 하고 뭉치기도 하지요. 기체는 액체보다도 느슨하고 약하게 결합된 원자들이나 분자들로 이루어져 있어요. 이렇게 물질 속 입자가 얼마나 강하게 결합되어 있는지에 따라 물질의 형태가 결정돼요.

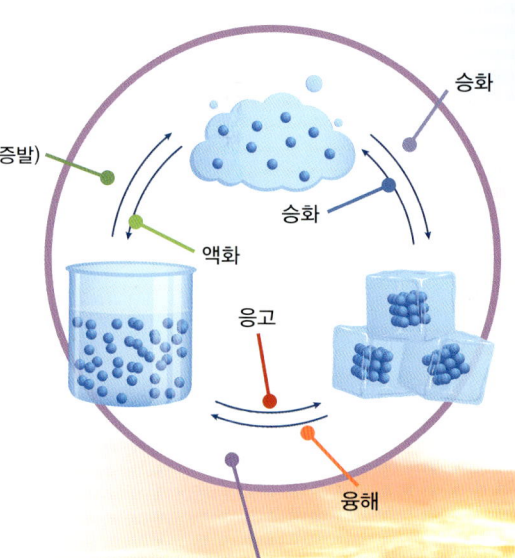

물은 고체(얼음), 액체, 또는 기체(수증기)로 형태를 달리할 수 있어요. 얼음은 어떤 그릇에 담기든 모양이 변하지 않아요. 반면 액체인 물은 담기는 그릇의 형태를 띠며 그릇 표면을 따라 흐르지요. 기체인 수증기는 그릇을 가득 채우며 퍼지거나 그릇을 벗어나 사방으로 퍼져 나가요.

변하는 물질의 상

물질의 온도가 달라지면 물질 속 입자들이 가지는 에너지가 변해 물질의 상이 달라져요. 고체 물질에 열을 충분히 가하면 입자들이 가지는 에너지가 커지면서 입자들이 움직이려고 하기 때문에 결합이 약해지고 결국 액체로 녹아요. 액체를 더 가열하면 입자들이 끓어오르거나 증발해서 기체가 되지요.

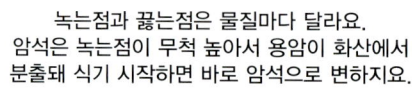

녹는점과 끓는점은 물질마다 달라요. 암석은 녹는점이 무척 높아서 용암이 화산에서 분출돼 식기 시작하면 바로 암석으로 변하지요.

알고 있나요? 수은은 대개 액체의 형태로 존재해요. 수은은 어는점이 섭씨 영하 38.83도, 끓는점은 섭씨 356.73도로, 어는점과 끓는점 모두 금속 가운데 가장 낮아요.

간헐천은 대개 물질의 상이 갑자기 바뀌는 곳에 만들어져요.

간헐천에서 솟아오른 기체가 찬 공기를 만나면 차갑게 식어 다시 액체인 물이 돼요.

갇혀 있던 뜨거운 지하수가 갈라진 지각 틈으로 분출되는 순간 격렬하게 끓어올라 기체가 돼요.

지열을 받아 뜨거운 땅속 암석이 지하수를 끓는점보다 높은 온도로 달구지만 지하수는 땅에 갇혀 기체로 솟아오르지 못해요.

놀라운 발견

누가? 제임스 톰슨
무엇을? 삼중점
언제? 1873년
발견 이야기 제임스 톰슨은 수상 운송을 전문으로 하는 기술자였어요. 어떤 물질이 고체, 액체, 기체로 동시에 존재할 수 있는 온도와 압력을 '삼중점'이라고 부르자고 제안했지요.

고체

물질 대부분은 고체 형태로 존재하는데, 고체를 이루는 원자나 분자는 무척 강하게 결합되어 있어요. 고체 물질은 매우 다양하지만 모두 몇몇 특징들을 공유하지요.

고체의 특성

석영과 소금 같은 몇몇 고체 물질들은 원자가 규칙적인 모양으로 결합해 결정 구조를 띠어요. 반면 폴리에틸렌 같은 고체는 원자가 불규칙하게 결합하기 때문에 모양이 일정하지 않아요. 이런 고체 가운데 몇몇은 잡아서 늘이거나 두드려 펴 모양을 바꿀 수 있어요. 이런 성질을 '연성'이라고 해요.

결정의 모양은 물질 안에 담긴 원자들의 배열에 따라 달라져요. 반면 색깔은 물질을 구성하는 원소의 종류에 따라 달라지지요.

철을 뜨겁게 달구면 늘이거나 두드려 모양을 바꿀 수 있어요.

결정 안의 원자들은 정육면체, 육각형, 사각뿔 또는 다이아몬드 모양처럼 다양하게 배열될 수 있어요.

이런 석영 결정은 작은 결정 바깥에 새로운 원자가 덧붙여지면서 아주 서서히 자라나요.

열전도

고체마다 열에 반응하는 방식이 달라요. 금속 대부분을 포함한 어떤 고체들은 원자끼리 열을 빠르게 주고받아 퍼뜨려요. 이런 고체를 '양도체'라고 하지요. 반면 나무나 플라스틱의 원자들은 열을 잘 전달하지 못하는데, 이런 고체는 '절연체'라고 해요.

이 석영 결정은 인공적인 방법으로 몇 시간 만에 만들어졌어요. 자연에서 이렇게 크게 자라려면 수백만 년은 걸릴 거예요.

금속 냄비는 바닥에 가해지는 열을 안에 담긴 음식으로 빠르게 전달해요. 하지만 절연체인 나무 숟가락으로는 열이 좀처럼 전해지지 않아요.

놀라운 발견

누가? 고대 터키의 대장장이들
무엇을? 강철
언제? 약 기원전 2000년

발견 이야기 철기 시대의 대장장이들은 금속에 다른 물질을 더해 만든 합금이 순수한 금속보다 유용하다는 사실을 알아냈어요. 고대 터키 대장장이들은 철에 숯을 더해 더 단단한 철을 만들었지요.

알고 있나요? 고성능 비행기를 만드는 데 쓰이는 텅스텐은 녹는점이 섭씨 3,422도로 금속 가운데 가장 높아요.

액체와 기체

대체로 물질이 액체로 존재할 수 있는 온도의 범위는 아주 좁아요. 액체의 원자나 분자는 고체일 때보다 느슨하게 결합되어 있고, 기체가 되면 결합이 더욱 느슨해져요.

움직이는 입자들

'유체(유동체)'는 보통 액체를 말하지만 과학에서는 입자들이 대체로 자유롭게 움직이는 액체와 기체를 모두 가리켜요. 액체인 물은 빠르게 흐르지만 꿀 같은 액체는 원자나 분자가 물보다 단단하게 결합되어 있어서 천천히 흘러요. 이렇게 천천히 흐르는 끈적끈적한 액체를 점성이 높다고 표현하지요.

기침을 하면 기체나 액체 분자들이 뿜어져 나와 자유롭게 움직이며 흩어져요.

기체의 법칙

기체는 주어진 공간을 가득 채우며 확장되는 성질을 지녀요. 그릇에 담긴 기체 분자들은 그릇의 벽에 부딪쳐 튕기면서 그릇 안에 압력을 만들어 내는데, 기체를 가열하면 분자들의 운동이 빨라져서 압력이 점점 높아져요. 또 자전거 바퀴에 공기를 넣으면 바퀴 안에 기체 분자가 늘어나 압력이 높아지지요.

날씨가 추울 때면 바퀴 안 공기 분자들이 느리게 움직여요. 그러면 공기의 압력이 낮아져 바퀴가 납작해지지요. 이때에는 바퀴에 공기를 다시 넣어 줘야 해요.

놀라운 발견

누가? 다니엘 베르누이
무엇을? 베르누이의 정리
언제? 1738년
발견 이야기 스위스의 수학자이자 물리학자 베르누이는 빠르게 움직이는 유체가 만드는 압력이 느리게 움직이는 유체의 압력보다 작다는 사실을 알아냈어요. 이 원리를 이용해 비행기 날개 위쪽으로 공기가 빠르게 움직이도록 날개를 설계해 비행기가 잘 뜨게 하지요.

액체나 기체의 뜨거운 부분은 팽창하면서 이동해 차가운 부분으로 퍼져 나가요. 풍선 기구는 뜨거운 기체가 차가운 기체를 뚫고 올라가는 원리를 이용해 하늘로 둥둥 떠올라요.

풍선 기구 안의 공기가 주변 공기보다 따뜻하고 가볍기 때문에 풍선 기구가 하늘로 떠올라요.

뜨거운 공기 분자들이 팽창하면서 풍선 안쪽에 압력이 쌓여 풍선이 부풀어요.

알고 있나요? 이산화탄소의 고체 형태인 드라이아이스는 고체에서 액체로 변하는 과정 없이 바로 기체로 변할 수 있어요.

원소

원소는 물질을 이루는 가장 기본적인 요소예요. 원자라는 동일한 입자들이 모여 원소를 만들지요. 원자는 더 이상 쪼개질 수 없는 가장 작은 입자예요. 각 원소의 원자는 고유한 특성을 지녀요.

원소의 성질, 혼합물, 화합물

자연에 존재하는 원소는 모두 94가지예요. 이 가운데 17가지는 탄소, 질소, 산소처럼 금속이 아니에요. 금속과 비금속의 중간 성질을 띠는 준금속 원소가 6가지이고, 나머지는 모두 금속이지요. 혼합물은 2가지 이상의 원소가 단순하게 섞인 물질이에요. 반면 화합물은 2가지 이상의 원소가 화학 반응을 통해 원자끼리 결합할 때 생기지요.

물질은 원소의 녹는점과 끓는점에 따라 자연에서 고체, 액체 또는 기체로 존재해요.

황은 다른 원소들과 결합해 화합물을 이루어요. 공기에 있는 산소와 결합하면 이산화황이 되지요.

철 원자는 자석에 달라붙는 성질을 띠지만 황 원자는 자석에 반응하지 않아요. 따라서 원자들이 결합하지 않고 단순히 섞인 철과 황의 혼합물에 자석을 대면 철만 자석에 달라붙어 올라가고 황은 아래쪽에 그대로 남아요.

철과 황의 화합물인 황화철에는 자석을 가져다 대도 철을 분리해 낼 수 없어요. 원자들이 화학적으로 결합한 황화철은 철과 달리 자석에 끌리지 않기 때문이에요.

순수한 황은 원자가 결합해 결정을 만드는 방식에 따라 다양한 형태를 띠어요.

알고 있나요? 산소는 지구에 가장 흔한 원소예요. 대부분이 암석 속에 존재하는데, 지구 지각의 질량 가운데 약 46퍼센트가 산소이지요.

에티오피아의 달롤 화산은 황 화합물과 다양한 형태의 순수한 황으로 뒤덮여 있어요.

원자의 결합

원자가 서로 결합해 원자보다 더 큰 입자인 분자가 만들어져요. 원자가 결합하는 방식은 원자 안에 있는 '전자'의 개수에 따라 달라지지요. 물질은 특정 개수의 전자가 모일 때 더 안정적으로 존재해요. 그래서 원자들은 특정 개수의 전자를 모으기 위해 다른 원자의 전자를 가져오거나 공유하지요.

소듐 원자(Na)의 가장 바깥 껍질에는 전자가 1개 있어요. 염소 원자(Cl)에는 전자 1개가 들어올 공간이 비어 있지요. 소듐 원자와 염소 원자가 결합해 소금이 될 때 소듐의 전자가 염소 원자 속 비어 있는 원자 자리로 옮겨 가요.

염소 원자 2개가 결합해 염소 분자가 만들어질 때면 전자 1쌍을 공유해요. 그러면 원자마다 전자를 8개씩 가지게 돼 더 안정적인 염소 분자가 되지요.

놀라운 발견

누가? 존 돌턴
무엇을? 원자론
언제? 1803년
발견 이야기 존 돌턴은 모든 물질이 원자로 이루어져 있으며, 원자는 더 작은 단위로 나뉘거나 부서질 수 없다고 주장했어요. 그리고 한 원소의 원자는 모두 같은 성질을 지녔다는 사실과 2가지 이상의 원자가 결합해 화합물이 된다는 사실도 밝혀냈지요.

주기율표

주기율표는 지금까지 발견된 118가지 원소를 보여 주는 표예요. 하지만 원소들을 단순히 모아 둔 건 아니에요. 주기율표의 위치만으로도 한 원소가 지니는 특징과 성질을 알 수 있게 정리해 두었지요.

주기율표의 모양을 보면 전자가 원자 속에 어떻게 배열되어 있는지 알 수 있어요. 전자는 원소 사이의 화학 반응을 조절하는 원자 속 입자예요.

주기와 족

주기율표의 각 행을 '주기'라고 하는데, 원소는 원자 번호 순서에 따라 7행으로 배열되어 있어요. 원자 번호는 원소의 원자 안에 있는 원자핵의 양성자 수와 같지요. 반면 주기율표의 각 열은 '족'이라고 해요. 각 족에는 화학적 성질이 비슷한 원소들이 배열되어 있지요. 주기율표는 모두 7행과 18족으로 이루어져 있어요.

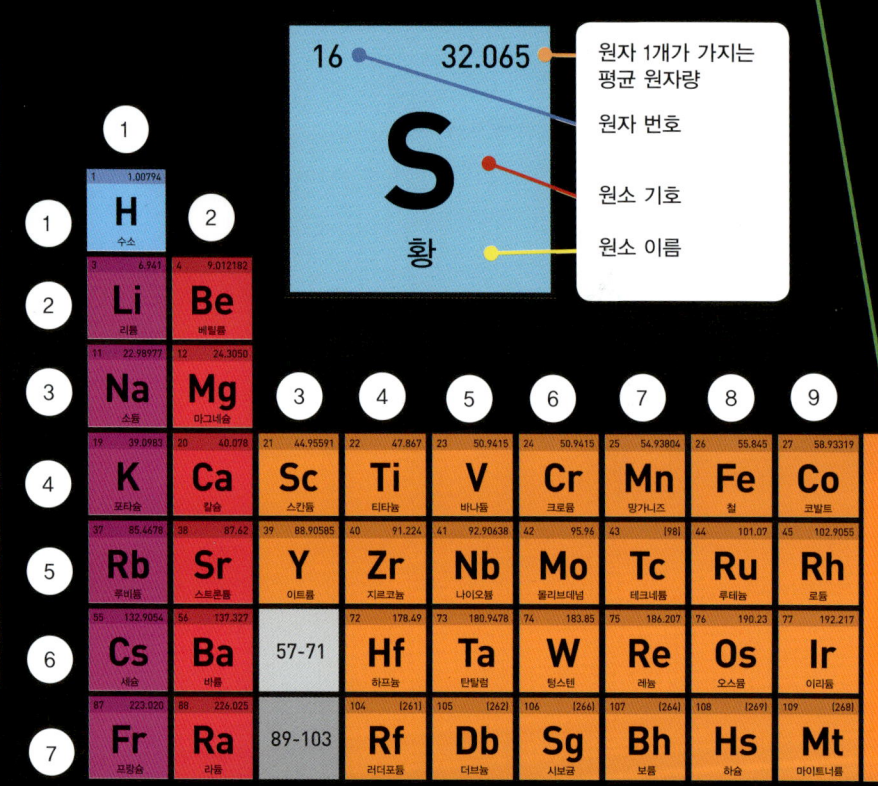

분류
- 알칼리 금속 원소
- 알칼리 토금속 원소
- 전이 금속 원소
- 금속 원소
- 준금속 원소
- 비금속 원소
- 할로젠 원소
- 비활성 기체 원소
- 란타넘족 원소
- 악티늄족 원소

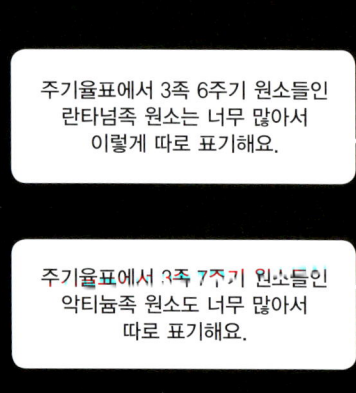

주기율표에서 3족 6주기 원소들인 란타넘족 원소는 너무 많아서 이렇게 따로 표기해요.

주기율표에서 3족 7주기 원소들인 악티늄족 원소도 너무 많아서 따로 표기해요.

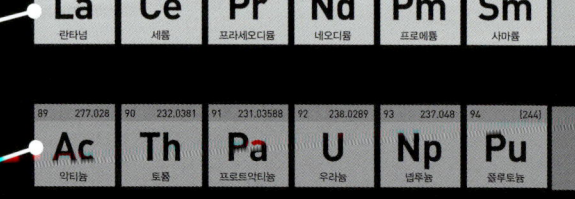

원자는 같은 주기에서 왼쪽에서 오른쪽으로 갈수록, 같은 족에서 위에서 아래로 갈수록 더 무거워요.

놀라운 발견

누가? 드미트리 멘델레예프
무엇을? 주기율표
언제? 1869년

발견 이야기 멘델레예프는 질량이 다른 화학 원소들을 원자량 순서로 나열하면 주기적으로 성질이 비슷한 원소가 나타난다는 사실을 알아내 주기율표를 만들었어요. 덕분에 새로운 원소를 발견하고 그 성질을 예측할 수 있게 되었지요.

> 같은 족에 있는 원소들은 가장 바깥 껍질의 전자 수가 모두 똑같아요.

새로운 원소 만들기

특수한 원자핵 반응기로 무거운 원소 한가운데 있는 원자핵에 입자를 쏘면 새로운 원소가 20가지 이상 만들어지기도 해요. 하지만 모두 안정된 상태로 계속 존재하기는 힘들어서 금세 분해되고 말지요. 자연에서 이런 원소들을 발견할 수 없는 것도 이 원소들이 불안정하기 때문이에요.

> 18족 원소들은 비활성 기체로, 대개 전자 개수가 딱 맞게 들어 있는 안정적인 원소들이라 다른 원소와 쉽게 반응하지 않아요.

> 가벼운 원자핵이 결합해 무거운 원자핵이 되는 핵융합으로도 새로운 원소를 만들 수 있어요. 핵융합은 태양 안에서도 일어나지요!

알고 있나요? 가장 무거운 원소이자 인공 원소인 오가네손의 원자들은 매우 불안정해서 1,000분의 1초보다도 짧은 시간 안에 분해되어 버려요.

암석과 광물

자연에 존재하는 원소 대부분이 복잡한 화학 분자들 안에 갇혀 있어요. 이 분자들은 '광물'이라는 고체 물질을 이루는데, 광물은 대개 아름다운 결정 구조를 지니지요. 암석은 이런 광물들이 모이고 섞여 만들어지는데, 금과 같은 원소들은 다른 원소들과 결합하기보다는 순수한 형태로 자연에 존재하지요.

지구에 가장 흔한 원소들

지구의 가장 바깥 부분인 얇은 지각은 몇 가지 가벼운 원소들로 이루어져 있어요. 희귀한 금속을 포함한 무거운 원소들은 지구 중심으로 가라앉아 있지요. 지각을 이루는 주요 원소는 산소(46퍼센트), 규소(28퍼센트), 알루미늄(8퍼센트), 철(5퍼센트), 칼슘(4퍼센트)이에요.

광물 분자들이 모여 결정이 돼요. 이 이산화규소에는 서로 다른 크기의 결정들이 모여 있는데, 일부는 맨눈으로 볼 수 없을 정도로 작아요.

자연에서 발견되는 유용한 원소 대부분이 화합물이자 광물의 형태로 존재해요. 이 원소들을 얻으려면 광물을 채굴해 화학적으로 분리해야 하지요.

금은 다른 원소들과 쉽게 결합하지 않아요. 광부들은 암석 속에 뻗어 있는 순수한 금을 찾아 캐내지요.

원소 분리하기

유용한 금속이 담긴 광물을 광석이라고 해요. 광석은 대개 광물이 산소와 결합한 산화물의 형태를 띠지요. 산소를 제거하는 화학 물질과 광석을 함께 가열하면 화학 반응이 일어나 유용한 금속만 분리해 낼 수 있어요.

산화철을 탄소의 한 형태인 코크스와 함께 가열하면 코크스가 광석 속 산소를 빨아들여 철이 산소와 분리돼요.

산소는 지각의 암석 속에 가장 풍부하게 들어 있는 원소예요. 산소가 들어 있는 광물을 '산화물'이라고 해요.

놀라운 발견

누가? 고대 도시 국가 우르의 대장장이들
무엇을? 청동
언제? 약 기원전 2800년
발견 이야기 선사 시대 사람들은 자연에서 발견할 수 있는 순수한 금속으로 도구를 만들어 사용했어요. 고대 도시 국가인 우르의 대장장이들은 주석과 구리를 섞어 어떤 순수한 금속보다도 단단하고 강한 청동을 만들 수 있었지요.

알고 있나요? 지구의 암석과 광물 대부분은 화산이 분출하면서 흘러나온 용암으로 만들어졌어요. 우주에서 떨어진 운석을 빼면 말이에요.

화학 반응

화학 반응은 물질이 새로운 물질로 바뀌는 과정이에요. 반응을 일으키는 2가지 이상의 물질 속 원자와 분자가 분리되거나 합쳐지거나 위치를 바꾸면서 다시 배열돼 원래의 물질과는 전혀 다른 물질이 되지요.

화학 반응은 어떻게 일어날까?

모든 화학 반응은 열, 빛 또는 소리의 형태로 에너지를 빨아들이거나 내보내요. 특히 연소는 빨아들이는 에너지보다 더 많은 에너지를 만들어 내는 폭발적인 화학 반응이지요. 이때 화학 반응이 빠르게 일어나게 돕는 물질을 촉매라고 하는데, 촉매는 에너지를 쓰지도 않고 모습을 바꾸는 일도 없이 화학 반응을 돕기만 해요.

불꽃놀이는 연소 반응으로 이루어져요. 화약이 공기 속 산소와 결합해서 강렬한 열과 밝은 빛을 뿜어내지요. 이때 금속염이라는 물질을 더해 다채로운 효과를 만들기도 해요. 탄산스트론튬으로는 붉은빛 불꽃을, 염화바륨으로는 초록빛 불꽃을, 염화칼슘으로는 주황빛 불꽃을 만들 수 있어요.

유기 화학

탄소는 다른 원소와 가장 많이 결합할 수 있는 원소예요. 탄소 원자는 최대 4개의 다른 원자들과 결합해 안정적인 구조를 이루거든요. 그래서 탄소끼리 결합하거나 다른 원자들과 결합해 다양하고 복잡한 분자들을 만들어 내는데, 이런 화학 반응을 '유기 화학'이라고 해요. 생물이 만들어지는 화학 반응도 유기 화학이지요.

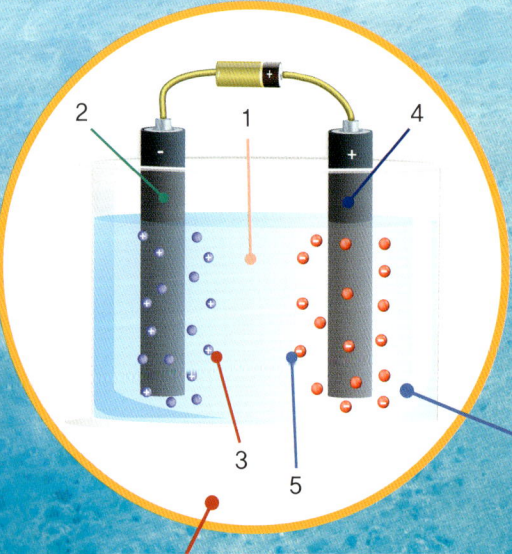

전기 에너지로 일어나는 화학 반응을 '전기 분해'라고 해요. 화학 물질들이 녹아 있는 용액에 전류를 흘려보내 화학 반응을 일으키지요.

1. 화학 물질이 용액에 녹아 전하를 띠는 양이온과 음이온으로 분리돼요.
2. 전류의 음극이 전자를 만들어 내요.
3. 화학 물질 속 양이온이 전류가 만든 전자와 결합해서 원자를 이루어요.
4. 전류의 양극이 화학 물질 속 음이온을 끌어당겨요.
5. 음이온이 전류의 양극에게 전자를 내줘 원자를 이루어요.

바닷물은 그 자체로 화학 용액이에요. 순수한 물이 다양한 화합물의 분자들과 섞여 있기 때문이에요.

화학 반응으로 인공 산호초를 만들기도 해요. 자전거 같은 물체와 암석 광물인 탄화칼슘이 화학 반응으로 결합해 인공 산호초로 자라나지요.

바닷물에 흐르는 아주 적은 전류로 전기 분해가 일어나면서 인공 산호초가 만들어지기 시작해요.

자전거에 만들어진 탄화칼슘 덩어리 위에 산호초가 자라기 시작하면 산호초에 사는 다른 생물들도 하나둘 모여들어요.

놀라운 발견

누가? 미하일 로모노소프, 앙투안 라부아지에(사진)
무엇을? 질량 보존의 법칙
언제? 1748년, 1774년
발견 이야기 러시아 화학자 로모노소프와 프랑스 화학자 라부아지에는 화학 반응이 일어나도 물질의 질량이 변하지 않는다는 법칙을 발견했어요. 화학 반응 과정에서 발생한 기체도 이 질량에 포함되지요. 덕분에 과학자들은 화학 반응이 일어나면 원자의 배열이 바뀔 뿐 원자의 숫자는 같다는 걸 알게 됐지요.

알고 있나요? 케이크도 화학 반응으로 만들어져요. 베이킹파우더가 열을 받으면 기체를 뿜어 케이크 반죽을 부풀리고, 계란의 단백질은 케이크 반죽을 단단하게 굳히지요.

전기

전기는 에너지의 한 형태예요. 원자는 양성자가 가진 양전하와 전자가 가진 음전하가 균형을 이루고 있어요. 원자가 전자를 얻거나 잃으면 전하의 균형이 깨져 전기적으로 음전하나 양전하를 띠지요. 전하를 띤 물체 주위에는 전자기장이 만들어져 전하를 띤 다른 물체를 잡아당기거나 밀어내요. 이 움직임이 바로 전기예요.

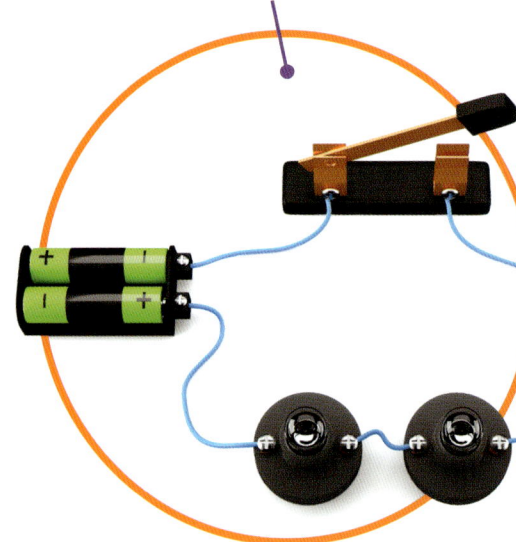

스위치를 누르면 회로가 연결돼 전류가 흘러요. 전류가 전구에 연결된 전선을 달구며 흘러 전구가 빛나지요.

전도체, 전류, 회로

여러 물체 중에서도 전기가 특히 잘 통하는 물질을 전도체라고 해요. 전도체를 통해 전기가 흘러 전기의 흐름인 전류가 만들어지지요. 전선으로 전기 회로를 만들어 연결하면 전류를 흘려 보낼 수 있어요.

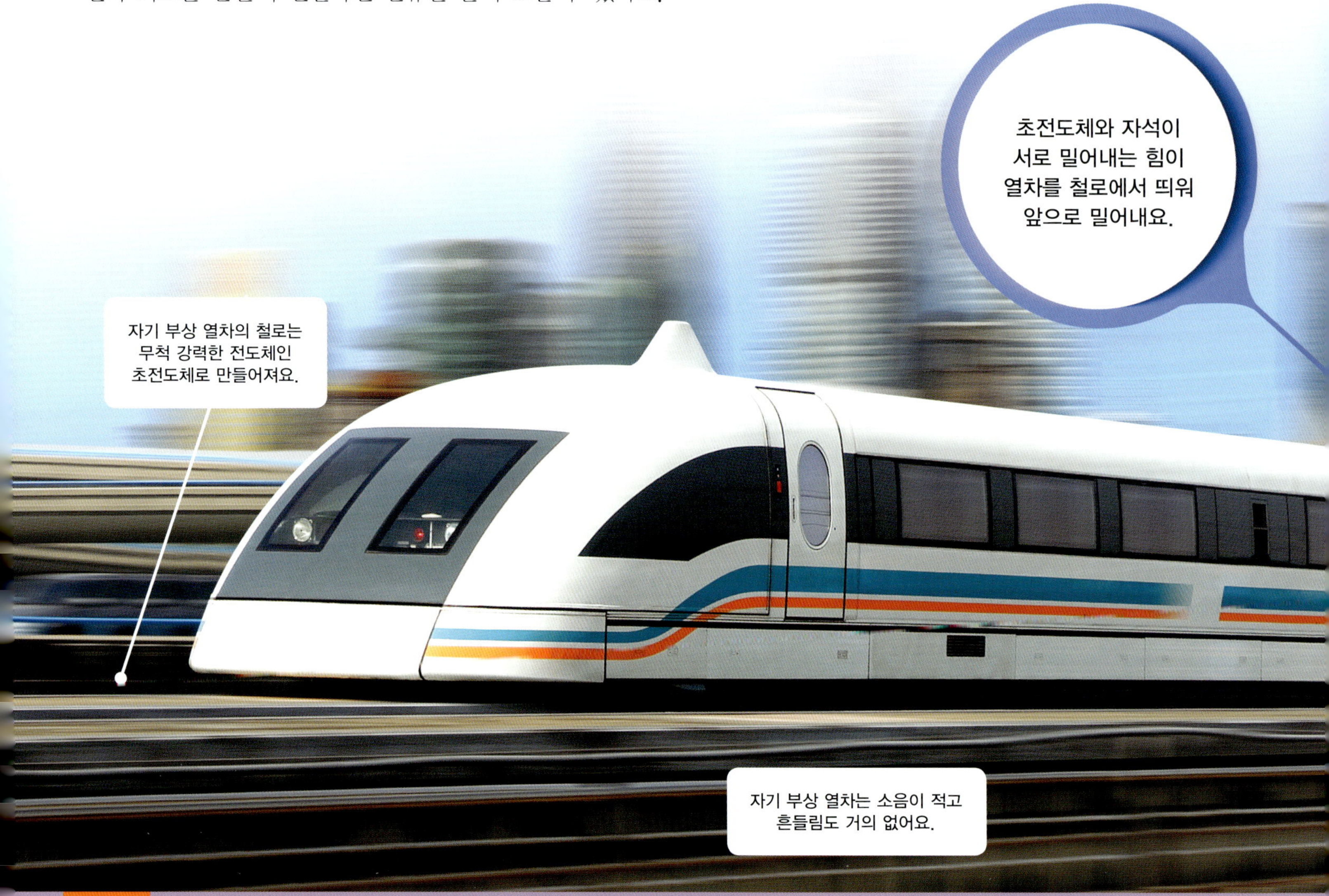

초전도체와 자석이 서로 밀어내는 힘이 열차를 철로에서 띄워 앞으로 밀어내요.

자기 부상 열차의 철로는 무척 강력한 전도체인 초전도체로 만들어져요.

자기 부상 열차는 소음이 적고 흔들림도 거의 없어요.

알고 있나요? 배터리는 똑같은 크기의 전기가 한 방향으로 흐르는 직류 방식이에요. 반면 교류는 시간에 따라 전기의 크기와 방향이 바뀌어요.

놀라운 발견

누가? 한스 크리스티안 외르스테드
무엇을? 전류의 자기 작용
언제? 1820년
발견 이야기 덴마크의 물리학자 외르스테드는 전류를 껐다가 켜면 근처에 있는 나침반의 바늘이 움직인다는 사실을 알아챘어요. 전류가 바뀌면 주변의 전자기장도 변한다는 사실을 알려 주는 첫 번째 증거였지요.

발전소에서 집으로

발전소에서 만들어진 전기는 케이블을 타고 필요한 곳으로 흘러가요. 발전소는 전기가 흘러가는 과정에서 전력이 줄어드는 걸 막기 위해 전기를 높은 전압으로 내보내지요. 이때 변압기라는 장치가 발전소에서 내보내는 전기의 전압을 높이는 동시에 집, 학교, 공장에서 쓰이는 전기의 전압을 낮춰 안전하게 만들어요.

변압기는 전기의 전압을 쓰기 좋게 그리고 안전하게 맞춰 주는 장치예요. 집에서는 전압이 낮은 전기가, 철도 같은 시설에서는 전압이 높은 전기가 쓰이지요.

철로에 깔린 전선의 코일이 전자기장을 만들어 열차를 앞으로 밀어내요.

중국 상하이에서 운행되는 자기 부상 열차는 시속 430킬로미터로 달려요!

원자 속으로

원자가 모여 우리가 일상에서 보는 모든 물질이 만들어져요. 또 원자는 원소를 이루는 가장 작은 단위이기도 하지요. 예를 들어 물은 수소 원자 2개와 산소 원자 1개가 모여 만들어져요. 이때 물을 구성하는 원소는 수소와 산소 2가지이고, 원자는 모두 3개예요. 원소와 원자는 언뜻 비슷해 보이지만 원소는 물질을 이루는 성분의 종류예요. 반면 같은 원소들로 이루어진 물질이라도 원자의 개수에 따라 다른 물질이 되지요.

원자 속 입자의 성질

원자는 특별한 성질을 띠는 양성자, 중성자, 전자가 모여 만들어져요. 양성자는 수소 원자와 질량이 비슷하고 양전하를 띠어요. 중성자는 질량은 비슷하지만 전하를 띠지 않지요. 전자는 질량은 양성자나 중성자보다 훨씬 작은데, 양성자가 가지는 양전하와 같은 크기의 음전하를 띠어요.

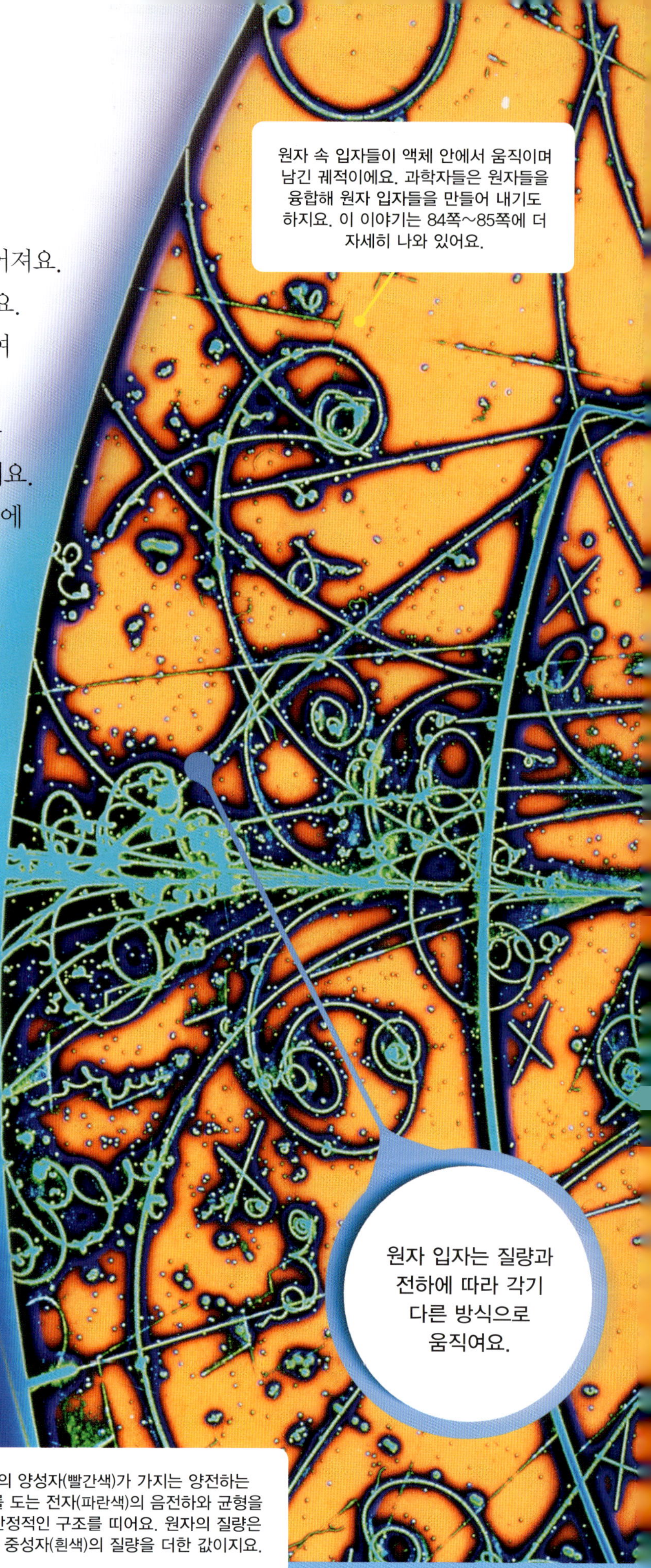

원자핵의 양성자(빨간색)가 가지는 양전하는 그 주위를 도는 전자(파란색)의 음전하와 균형을 이루어 안정적인 구조를 띠어요. 원자의 질량은 양성자와 중성자(흰색)의 질량을 더한 값이지요.

원자 속 입자들이 액체 안에서 움직이며 남긴 궤적이에요. 과학자들은 원자들을 융합해 원자 입자들을 만들어 내기도 하지요. 이 이야기는 84쪽~85쪽에 더 자세히 나와 있어요.

원자 입자는 질량과 전하에 따라 각기 다른 방식으로 움직여요.

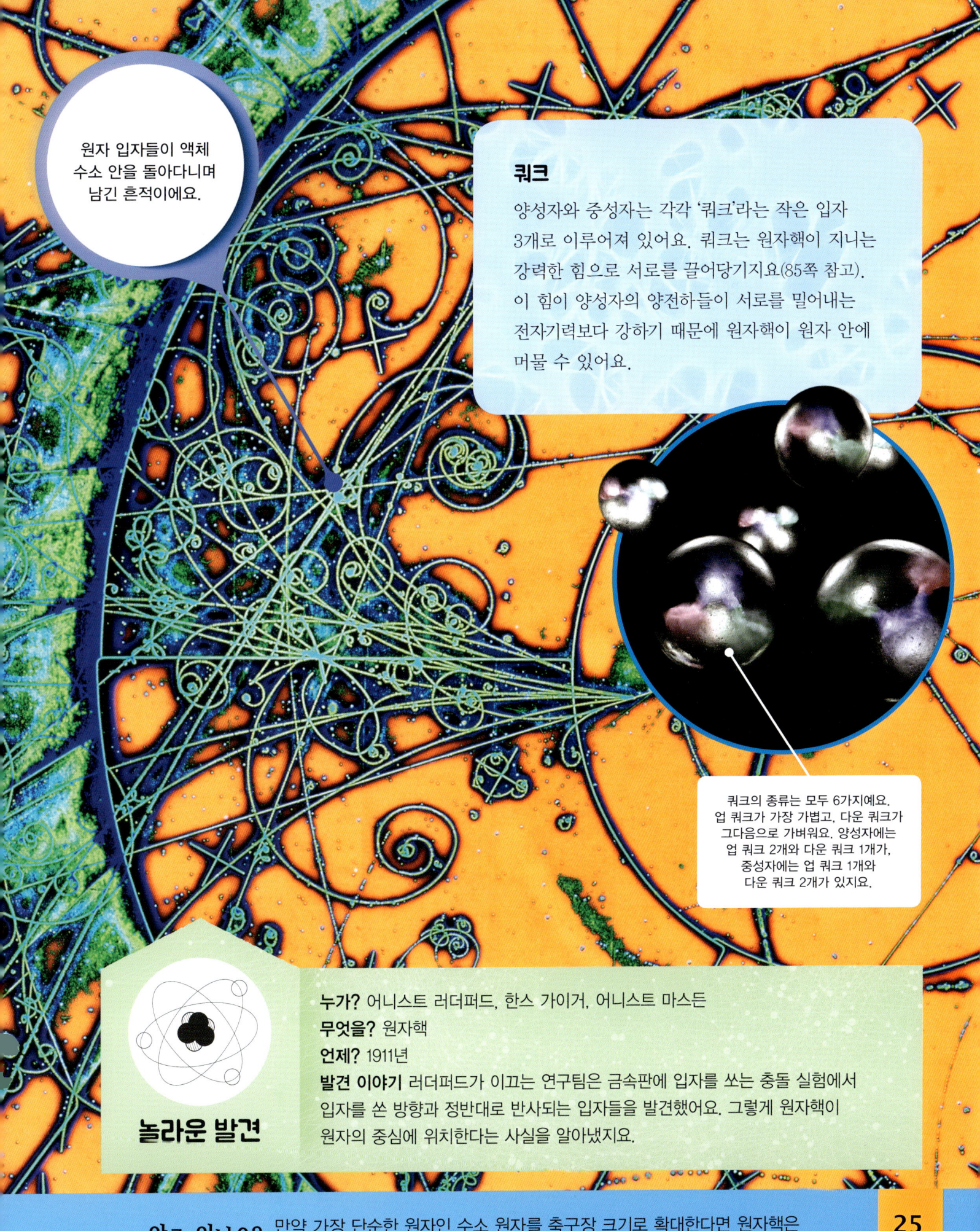

원자 입자들이 액체 수소 안을 돌아다니며 남긴 흔적이에요.

쿼크

양성자와 중성자는 각각 '쿼크'라는 작은 입자 3개로 이루어져 있어요. 쿼크는 원자핵이 지니는 강력한 힘으로 서로를 끌어당기지요(85쪽 참고). 이 힘이 양성자의 양전하들이 서로를 밀어내는 전자기력보다 강하기 때문에 원자핵이 원자 안에 머물 수 있어요.

쿼크의 종류는 모두 6가지예요. 업 쿼크가 가장 가볍고, 다운 쿼크가 그다음으로 가벼워요. 양성자에는 업 쿼크 2개와 다운 쿼크 1개가, 중성자에는 업 쿼크 1개와 다운 쿼크 2개가 있지요.

놀라운 발견

누가? 어니스트 러더퍼드, 한스 가이거, 어니스트 마스든
무엇을? 원자핵
언제? 1911년
발견 이야기 러더퍼드가 이끄는 연구팀은 금속판에 입자를 쏘는 충돌 실험에서 입자를 쏜 방향과 정반대로 반사되는 입자들을 발견했어요. 그렇게 원자핵이 원자의 중심에 위치한다는 사실을 알아냈지요.

알고 있나요? 만약 가장 단순한 원자인 수소 원자를 축구장 크기로 확대한다면 원자핵은 축구장 한가운데에 놓인 콩 1알 정도 크기밖에 되지 않아요.

양자의 세계

우리는 주변의 물체들이 어떻게 움직이는지 쉽게 알 수 있어요. 하지만 아주 작은 물질에 대해 설명하고 원자들과 원자를 구성하는 입자들이 움직이는 방식을 알려면 아주 다른 규칙이 필요해요. 이 규칙이 바로 '양자 물리학'이에요. 여기에서 양자는 원자핵을 이루는 양성자를 가리켜요. 양자 물리학은 아주아주 작은 물질만을 들여다볼 것 같지만 우리 일상생활은 물론 우주의 움직임까지도 설명해 줄 수 있어요.

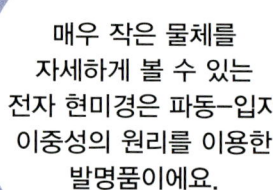

매우 작은 물체를 자세하게 볼 수 있는 전자 현미경은 파동-입자 이중성의 원리를 이용한 발명품이에요.

파동-입자 이중성

양자 물리학에서 가장 기본적인 개념은 '파동-입자 이중성'이에요. 정말 작은 입자는 입자의 특성을 띠는 동시에 파동의 특성을 띠기도 하기 때문에, 입자의 모든 특성을 한 번에 정확하게 알 수 없다는 개념이지요. 예를 들면 입자의 속도를 측정하면 위치를 알아낼 수 없고, 위치를 측정하면 속도를 알 수 없는 거예요.

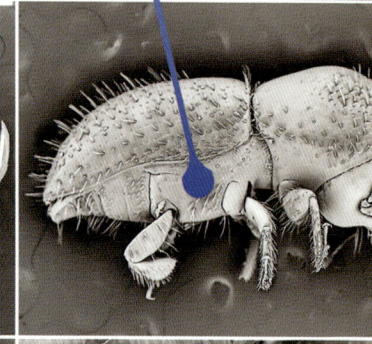

전자 현미경으로 곤충과 같은 작은 생물을 200만 배까지 확대해 볼 수 있어요.

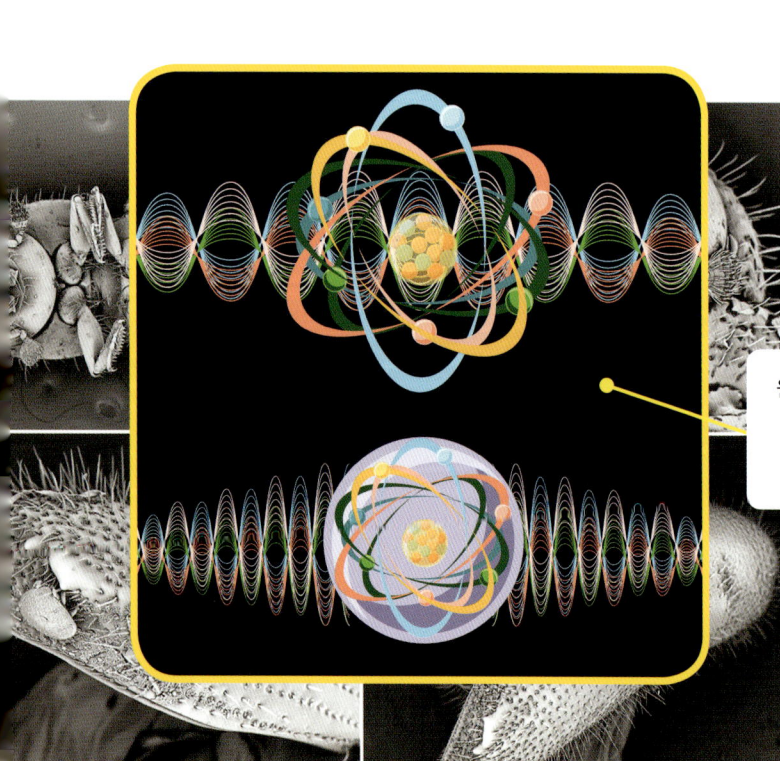

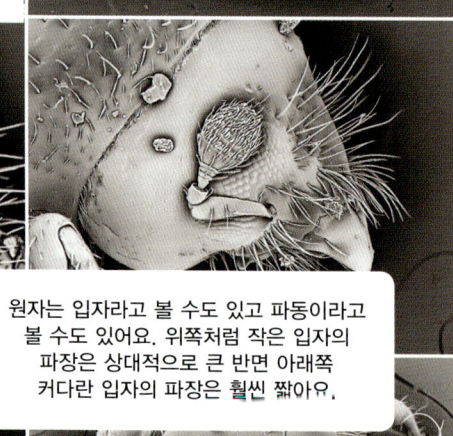

원자는 입자라고 볼 수도 있고 파동이라고 볼 수도 있어요. 위쪽처럼 작은 입자의 파장은 상대적으로 큰 반면 아래쪽 커다란 입자의 파장은 훨씬 짧아요.

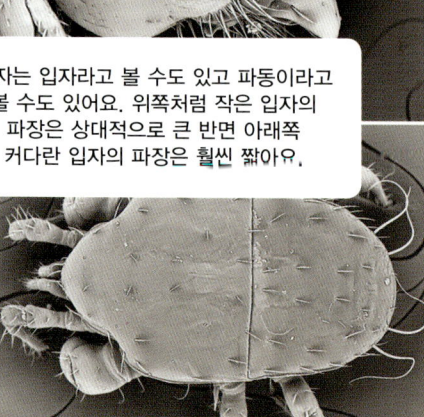

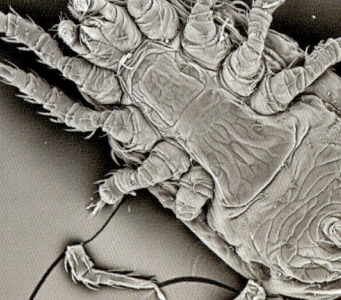

알고 있나요? 전자의 파동은 빛의 파동보다 300~500배 짧아요.

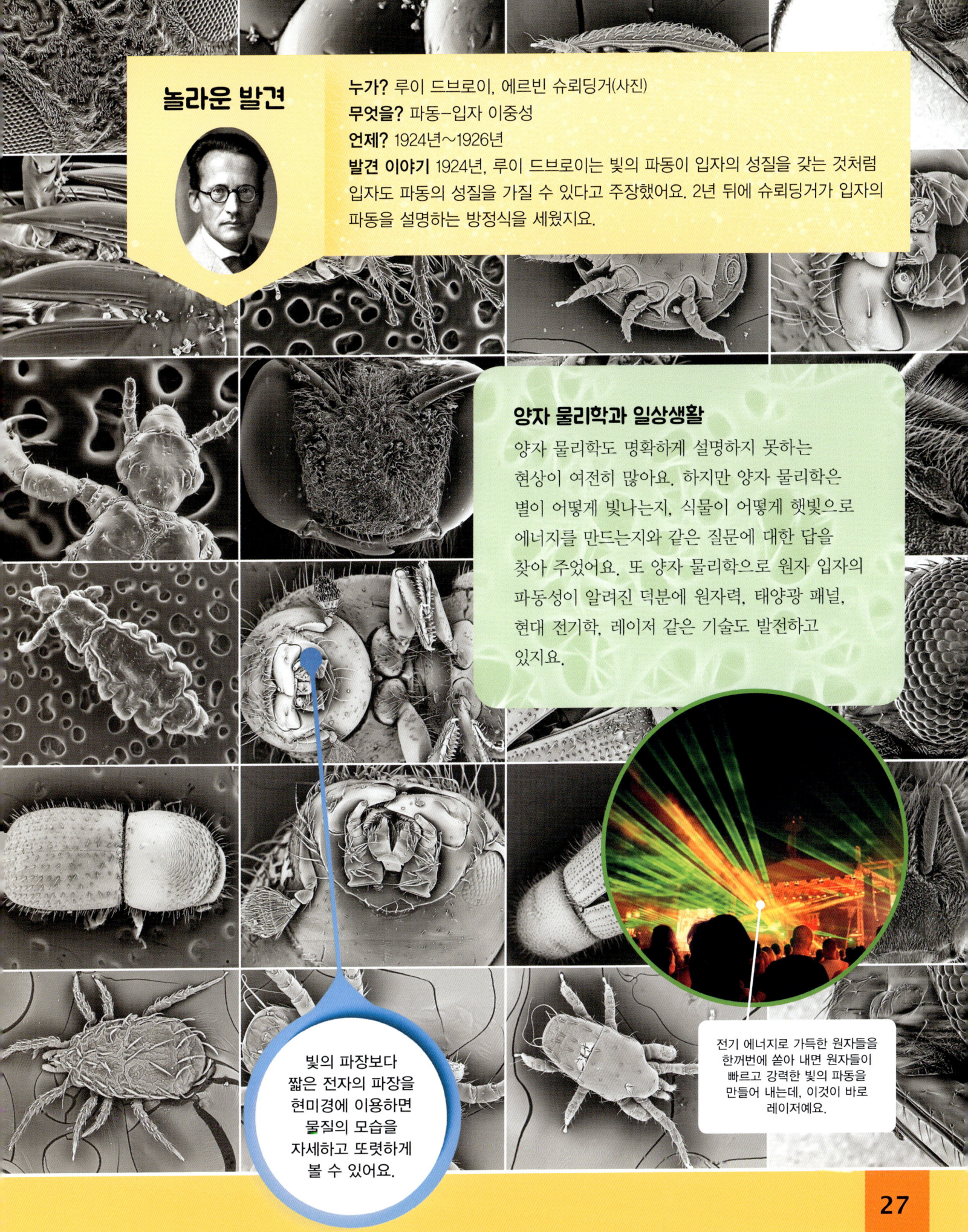

놀라운 발견

누가? 루이 드브로이, 에르빈 슈뢰딩거(사진)
무엇을? 파동-입자 이중성
언제? 1924년~1926년
발견 이야기 1924년, 루이 드브로이는 빛의 파동이 입자의 성질을 갖는 것처럼 입자도 파동의 성질을 가질 수 있다고 주장했어요. 2년 뒤에 슈뢰딩거가 입자의 파동을 설명하는 방정식을 세웠지요.

양자 물리학과 일상생활

양자 물리학도 명확하게 설명하지 못하는 현상이 여전히 많아요. 하지만 양자 물리학은 별이 어떻게 빛나는지, 식물이 어떻게 햇빛으로 에너지를 만드는지와 같은 질문에 대한 답을 찾아 주었어요. 또 양자 물리학으로 원자 입자의 파동성이 알려진 덕분에 원자력, 태양광 패널, 현대 전기학, 레이저 같은 기술도 발전하고 있지요.

빛의 파장보다 짧은 전자의 파장을 현미경에 이용하면 물질의 모습을 자세하고 또렷하게 볼 수 있어요.

전기 에너지로 가득한 원자들을 한꺼번에 쏟아 내면 원자들이 빠르고 강력한 빛의 파동을 만들어 내는데, 이것이 바로 레이저예요.

제2장 생물

지구의 생물

지구는 세균에서 세쿼이아, 흰긴수염고래까지 생물 수백만 종이 살아가는 집이에요. 생물학자들은 같은 특징을 지니는 종들을 묶어서 분류하는데, 종의 분류와 관계를 나무 그림으로 나타내기도 하지요. 생물은 크게 동물계, 식물계, 균류, 세균과 남조류로 이루어진 원핵생물계, 아메바를 포함하는 원생생물계로 나뉘어요.

생물이라는 대가족

모든 생물은 지금으로부터 약 39억 년 전에 살았던 단순한 유기체의 후손이에요. 이 유기체의 후손들은 다양한 방식으로 생존해 왔는데, 그 결과 생물 종이 가지를 치며 계속 생겨나 오늘날에는 수백만 종에 이르게 되었지요. 물론 그 과정에서 멸종된 종도 셀 수 없이 많아요.

세균은 화학 반응과 세포 분열로 살아가고 스스로를 복제해 번식해요. 지구에 나타난 최초의 유기체가 그랬던 것처럼요.

종이란?

동물이든 식물이든 같은 종인 개체끼리는 교배를 통해 또 다른 개체를 만들 수 있어요. 그 후손도 번식 능력을 갖추고 태어나지요. 하지만 교배를 통해 개체들이 같은 종인지 알아내는 건 어렵고 때로는 불가능하기 때문에 두 개체가 공통으로 가진 유전자나 신체적인 특징으로 같은 종인지를 판단하기도 해요.

개들은 생김새나 몸집이 놀라울 정도로 다양해요. 하지만 이 사진의 개들은 전부 같은 종이에요. 품종은 달라도 유전자가 거의 같기 때문에 교배해 새끼를 낳을 수 있지요.

산호초는 생물 수만 종이 살아가는 서식지예요. 남태평양의 섬인 피지 주변 바닷속의 이 산호초도 그렇지요.

28

놀라운 발견

누가? 칼 폰 린네
무엇을? 생물 분류
언제? 1735년

발견 이야기 스웨덴의 과학자 린네는 모든 생물을 속명과 종명 2가지로 이름 붙이고 표현하는 방법을 고안해 냈어요. 예를 들어 현생 인류의 학명은 '호모 사피엔스'가 되었지요. 이 방법이 지금 살고 있거나 멸종된 모든 생물 종을 분류하는 첫걸음이 되었어요.

과학자들은 서로 가까운 친척 관계인 종들을 '속'이라는 무리로 묶어 분류하고, 비슷한 속을 묶어 다시 '과'로 분류해요. 모든 생물은 이런 방식에 따라 종, 속, 과, 목, 강, 문, 계로 묶이지요.

지구에 사는 생물의 4분의 3이 육지에서 살아요.

푸른바다거북 종은 동물계 척삭동물문 파충강 거북목 바다거북과 푸른바다거북속에 속해요.

알고 있나요? 과학자들은 지금껏 지구에 존재했던 종 가운데 약 99퍼센트가 멸종해 사라졌을 거라고 추정해요.

DNA

모든 생물은 살아가는 데 필요한 화학 물질을 만들고 이 화학 물질이 서로 결합하는 방법을 알려 주는 자기만의 설명서를 세포 안에 가지고 있어요. 이것이 바로 유전자인데, 데옥시리보핵산(DNA)이라는 길고 배배 꼬인 분자 안에 들어 있지요. 유전자를 담은 DNA가 모여 염색체를 이루어요.

염기쌍과 패턴

DNA 분자는 나선형 사다리와 비슷하게 생긴 이중 나선 구조를 띠어요. '염기'라는 화학 물질이 쌍을 이루어 이 사다리의 가로대를 채우는데, 이 염기쌍이 배열되는 순서가 단백질이나 화학 물질을 만드는 암호이지요.

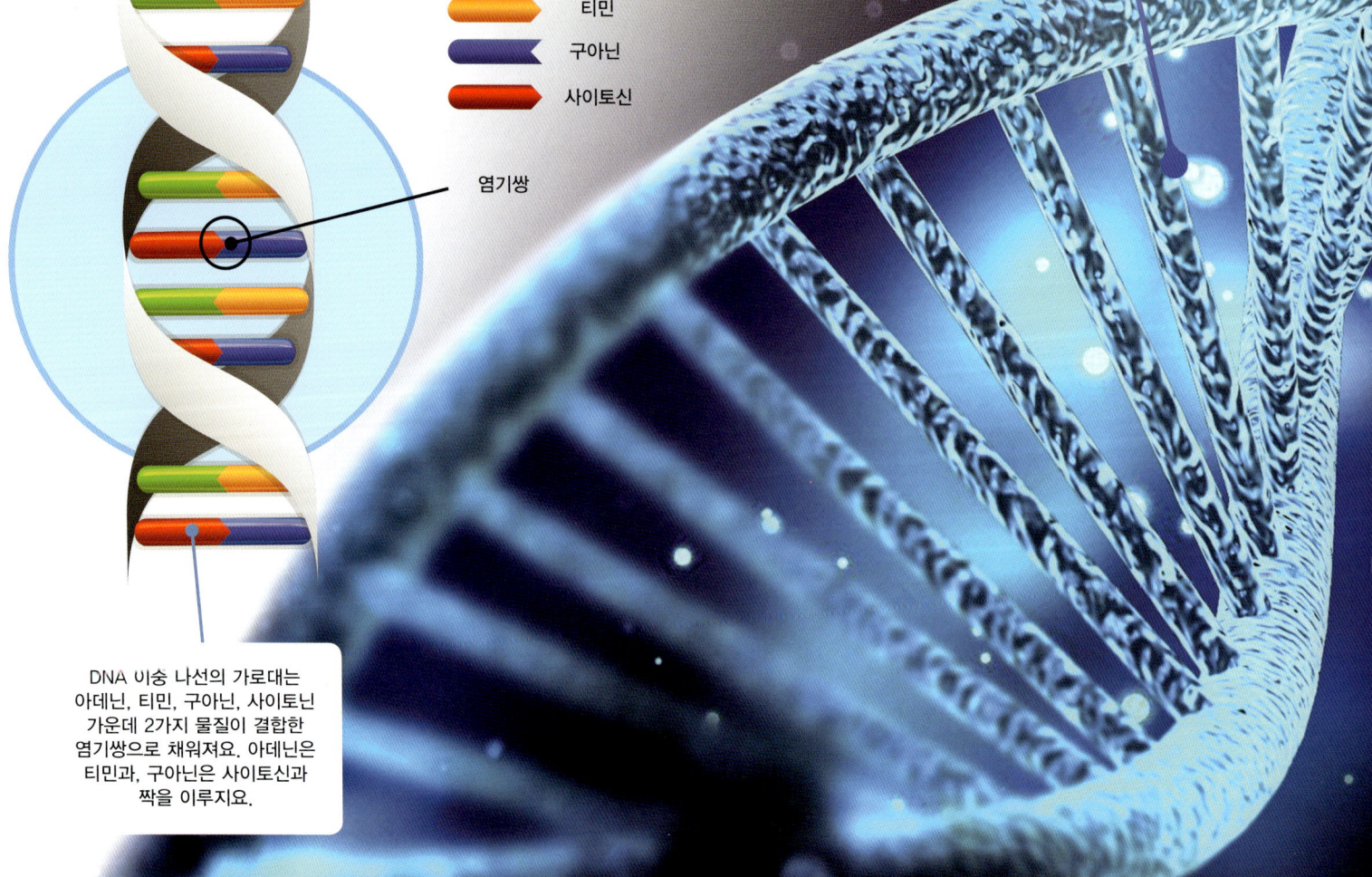

아데닌
티민
구아닌
사이토신

염기쌍

DNA 분자는 길고 배배 꼬인 사다리 모양이에요. 이런 생김새 때문에 '이중 나선'이라고 불리지요.

DNA 이중 나선의 가로대는 아데닌, 티민, 구아닌, 사이토신 가운데 2가지 물질이 결합한 염기쌍으로 채워져요. 아데닌은 티민과, 구아닌은 사이토신과 짝을 이루지요.

알고 있나요? 사람의 염색체 중에서 가장 긴 1번 염색체에는 2억 4,900만 개도 넘는 염기쌍이 들어 있어요.

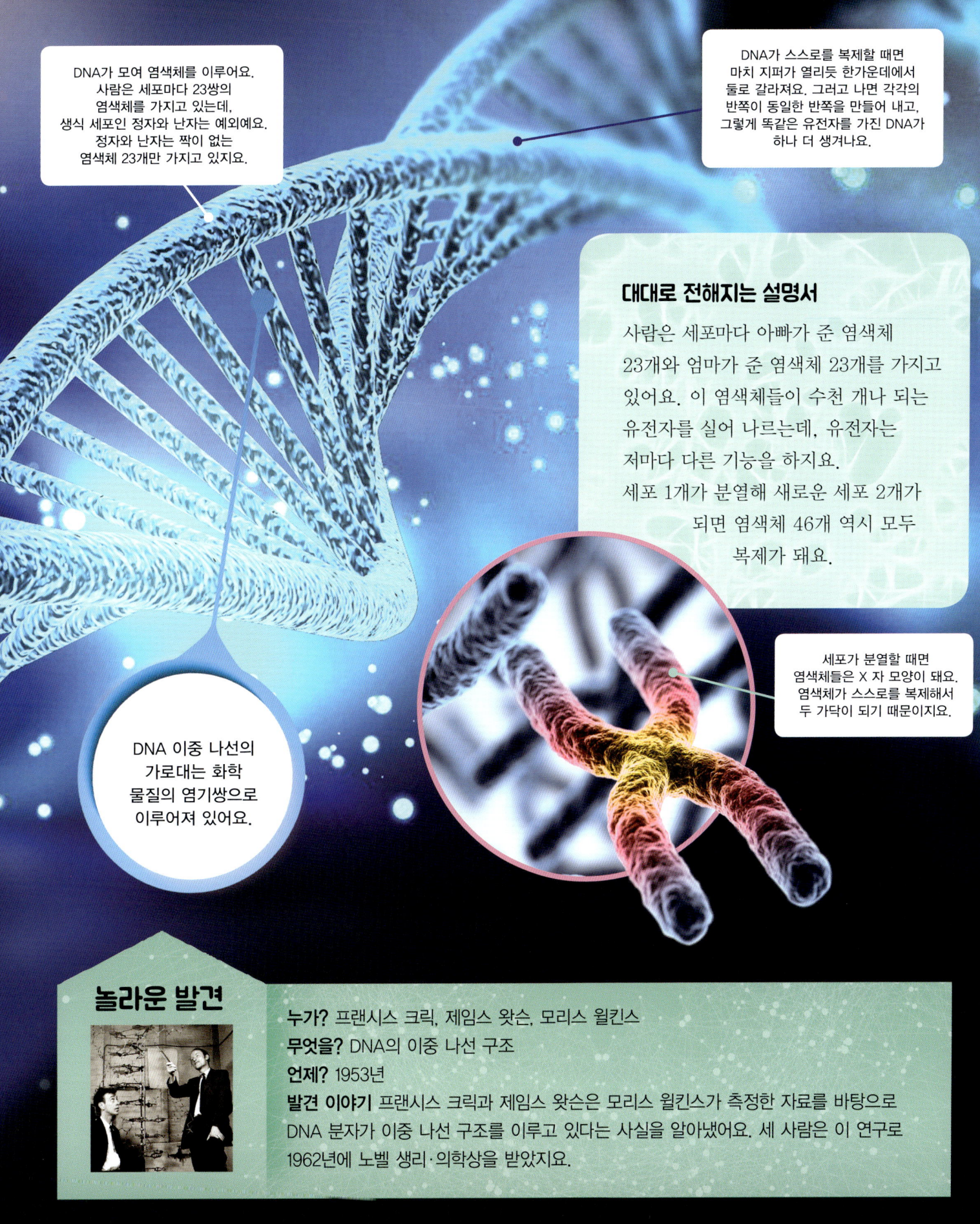

DNA가 모여 염색체를 이루어요. 사람은 세포마다 23쌍의 염색체를 가지고 있는데, 생식 세포인 정자와 난자는 예외예요. 정자와 난자는 짝이 없는 염색체 23개만 가지고 있지요.

DNA가 스스로를 복제할 때면 마치 지퍼가 열리듯 한가운데에서 둘로 갈라져요. 그러고 나면 각각의 반쪽이 동일한 반쪽을 만들어 내고, 그렇게 똑같은 유전자를 가진 DNA가 하나 더 생겨나요.

대대로 전해지는 설명서

사람은 세포마다 아빠가 준 염색체 23개와 엄마가 준 염색체 23개를 가지고 있어요. 이 염색체들이 수천 개나 되는 유전자를 실어 나르는데, 유전자는 저마다 다른 기능을 하지요. 세포 1개가 분열해 새로운 세포 2개가 되면 염색체 46개 역시 모두 복제가 돼요.

세포가 분열할 때면 염색체들은 X 자 모양이 돼요. 염색체가 스스로를 복제해서 두 가닥이 되기 때문이지요.

DNA 이중 나선의 가로대는 화학 물질의 염기쌍으로 이루어져 있어요.

놀라운 발견

누가? 프랜시스 크릭, 제임스 왓슨, 모리스 윌킨스
무엇을? DNA의 이중 나선 구조
언제? 1953년
발견 이야기 프랜시스 크릭과 제임스 왓슨은 모리스 윌킨스가 측정한 자료를 바탕으로 DNA 분자가 이중 나선 구조를 이루고 있다는 사실을 알아냈어요. 세 사람은 이 연구로 1962년에 노벨 생리·의학상을 받았지요.

세포의 구조와 기능

살아 있는 유기체는 모두 세포라는 아주 조그만 물질이 모여 만들어져요. 세포는 무척 작지만 굉장히 복잡하지요. 세포는 양분을 에너지로 바꾸고, 유기체에게 필요한 화학 물질을 만들고, 스스로를 복제해요. 하나의 세포로 된 단순한 생물이 있는가 하면 수없이 많은 세포로 된 복잡한 생물도 많지요.

2가지 세포

원핵 세포는 DNA가 담긴 핵이나 염색체가 없는 세포로, 세균과 남세균 같은 단순한 생물을 이루어요. 더 복잡한 생물을 이루는 진핵 세포 안에는 특정한 일을 하도록 만들어진 세포 소기관들이 있지요.

동물의 세포 소기관

- 골지체는 다른 세포 소기관이 만든 단백질 같은 물질을 저장하거나 세포 밖으로 내보내요.
- 세포막
- 미토콘드리아는 당, 녹말, 단백질, 지방 성분으로 된 소시지 모양의 알갱이로, 세포가 쓸 에너지를 만들어요.
- 리보솜은 단백질을 만들어요.
- 소포체는 단백질을 만들고 세포 안에서 물질들을 옮겨요.
- 페르옥시솜은 독소와 단백질, 지방산을 분해해요.
- 중심립은 세포가 분열되도록 도와요.
- 리소좀은 노폐물을 분해해요.

원핵 세포에 달린 채찍처럼 생긴 편모는 세포가 이리저리 움직이게 도와요. 그림의 대장균 세포처럼 어떤 세포의 편모는 사방으로 뻗어 나와 있기도 해요.

놀라운 발견

누가? 로버트 훅
무엇을? 세포
언제? 1665년
발견 이야기 영국 과학자 로버트 훅은 성능이 좋은 현미경을 만들었어요. 그뿐 아니라 현미경으로 생물 대부분이 아주 작은 벌집 모양의 육각형 구조물로 이루어져 있다는 사실을 발견했지요. 그는 이 구조물에 세포라는 이름을 붙였어요.

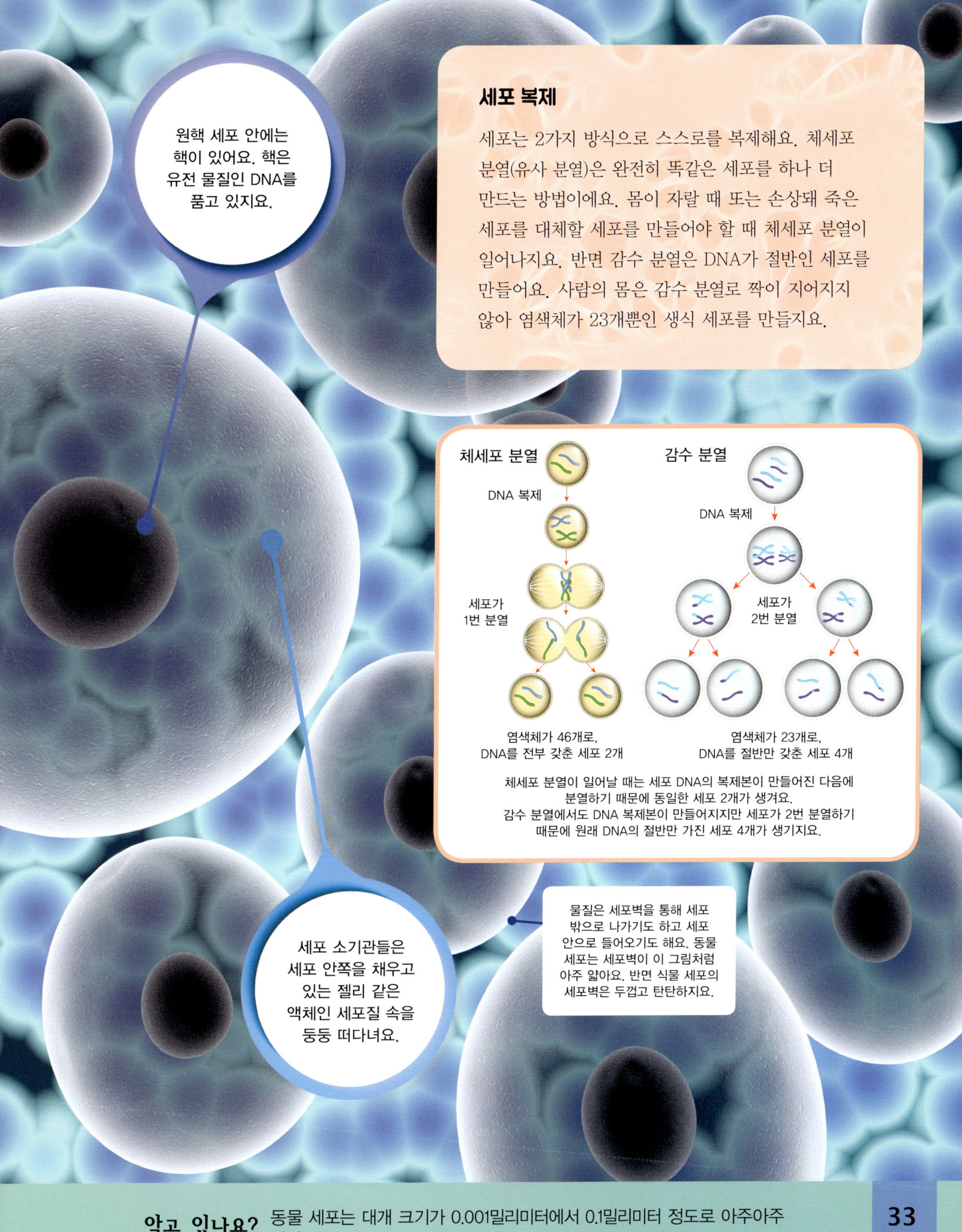

원핵 세포 안에는 핵이 있어요. 핵은 유전 물질인 DNA를 품고 있지요.

세포 복제

세포는 2가지 방식으로 스스로를 복제해요. 체세포 분열(유사 분열)은 완전히 똑같은 세포를 하나 더 만드는 방법이에요. 몸이 자랄 때 또는 손상돼 죽은 세포를 대체할 세포를 만들어야 할 때 체세포 분열이 일어나지요. 반면 감수 분열은 DNA가 절반인 세포를 만들어요. 사람의 몸은 감수 분열로 짝이 지어지지 않아 염색체가 23개뿐인 생식 세포를 만들지요.

체세포 분열   감수 분열

DNA 복제   DNA 복제

세포가 1번 분열   세포가 2번 분열

염색체가 46개로, DNA를 전부 갖춘 세포 2개   염색체가 23개로, DNA를 절반만 갖춘 세포 4개

체세포 분열이 일어날 때는 세포 DNA의 복제본이 만들어진 다음에 분열하기 때문에 동일한 세포 2개가 생겨요.
감수 분열에서도 DNA 복제본이 만들어지지만 세포가 2번 분열하기 때문에 원래 DNA의 절반만 가진 세포 4개가 생기지요.

세포 소기관들은 세포 안쪽을 채우고 있는 젤리 같은 액체인 세포질 속을 둥둥 떠다녀요.

물질은 세포벽을 통해 세포 밖으로 나가기도 하고 세포 안으로 들어오기도 해요. 동물 세포는 세포벽이 이 그림처럼 아주 얇아요. 반면 식물 세포의 세포벽은 두껍고 탄탄하지요.

알고 있나요? 동물 세포는 대개 크기가 0.001밀리미터에서 0.1밀리미터 정도로 아주아주 작아요.

식물

현재 지구에 사는 식물은 35만 종이 넘어요. 식물은 대개 스스로 양분을 만들어 살아가는 생물로, 양분을 만드는 과정에서 산소를 내뿜지요. 사람을 포함한 모든 동물은 이 산소를 들이마셔 숨을 쉬며 살아가요.

햇빛으로 살아가기

식물은 잎으로 공기 중의 이산화탄소를 받아들이고, 뿌리로 흙 속의 물을 빨아들여요. 그러고 나면 잎에 있는 초록색 화학 물질인 엽록소가 햇빛 에너지를 이용해 이산화탄소와 물을 당으로 바꿔 양분으로 삼지요. 식물이 양분을 만드는 화학 반응을 '광합성'이라고 해요.

세쿼이아는 3,000년 넘게 살기도 해요. 반면 1년을 채 살지 못하는 식물도 많지요.

잎의 단면도예요. 잎 한가운데 보이는 관을 통해 물이 잎으로 모이고, 광합성으로 만들어진 포도당이 식물 구석구석으로 퍼져 나가요.

식물의 번식

이끼, 고사리처럼 씨앗이 없는 식물은 생식 세포인 포자를 밖으로 내보내서 번식해요. 땅에 닿은 포자가 다른 포자를 만나 수정해 새로운 식물로 자라지요. 반면 씨앗을 맺는 식물은 암수 생식 세포가 수정해 씨앗을 만들고 번식해요. 씨앗 안에는 식물로 자라날 배아와 배아에 필요한 양분이 들어 있지요.

수컷 생식 세포는 식물의 꽃가루에 들어 있어요. 이 꽃가루가 다른 꽃에 닿으면 그 꽃의 암컷 생식 세포와 수정이 되지요. 꿀을 먹으러 꽃을 찾아온 곤충이나 새 들이 이 꽃가루를 다른 꽃으로 옮겨 줘요.

동물

동물은 물, 산소, 태양, 특히 먹이에서 에너지를 얻어 살아가고, 식물과 달리 먹이를 찾아 이곳저곳 돌아다녀요. 동물이 먹이를 소화시켜 에너지를 얻으려면 산소가 필요하지요.

동물의 분류

어류와 양서류, 파충류, 조류, 포유류는 등뼈와 골격으로 자기 몸을 지탱해요. 하지만 등뼈를 가진 척추동물은 전체 동물의 5퍼센트도 되지 않지요. 나머지는 단단한 등뼈나 골격이 없는 무척추동물이에요. 곤충이나 거미 같은 절지동물은 몸 안에 뼈는 없지만 단단한 껍데기에 둘러싸여 있어요. 또 몸이 부드러운 연체동물도 무척추동물이에요.

지네와 노래기

곤충

거미

갑각류

절지동물

환형동물

동물의 대칭성

동물의 몸은 대개 대칭을 이루고 있어요. 거울을 보고 우리 몸을 절반으로 나누는 세로선을 긋는다고 생각해 보세요. 그러면 얼굴은 물론 팔다리, 그 밖의 몸이 똑같은 모습이지요. 하지만 겉모습과 달리 심장, 위 같은 몸 안쪽의 신체 기관은 대칭을 이루지 않아요.

연체동물

선형동물

의체강동물

편형동물

무체강동물

동물 세포가 아직 다 자라지 않은 배아일 때도 대칭성을 띠어요. 사진 속 호랑이처럼 다 자란 동물의 아름다운 무늬에도 대칭성이 드러나지요.

해면동물

36

놀라운 발견

누가? 제니퍼 클랙
무엇을? 아칸토스테가
언제? 1987년
발견 이야기 고생물학자 클랙은 그린란드에서 초기 육지 척추동물의 진화 과정을 밝혀 줄 고대 어류 '아칸토스테가'의 화석을 발견했어요. 약 3억 6,500만 년 전에 살았던 아칸토스테가는 네발이 달린 물고기로, 물에 살던 동물이 어떻게 진화해 육지로 올라와 살게 되었는지를 보여 주지요.

- 포유류
- 조류
- 파충류
- 양서류
- 어류
- 척추동물
- 피낭동물
- 척삭동물
- 후구동물
- 선구동물
- 체강동물
- 극피동물
- 방사 대칭 동물
- 자포동물
- 공통의 조상인 원생생물

이 나무 그림은 다양한 동물들이 어떻게 나뉘고 서로 얼마나 가까운지를 보여 줘요.

오늘날 존재하는 엄청나게 다양한 동물들이 하나의 세포로 이루어진 원생생물에서 진화했어요.

알고 있나요? 절지동물은 동물계의 여러 문 중에서 가장 많은 종이 있어요. 대개 크기가 작지만 키다리게는 다리를 벌린 폭이 최대 3.7미터에 이르러요.

생태계

모든 생물은 다른 생물들과 연결되어 서로에게 의존하며 살아가요. 이런 연결망을 생태계라고 하지요. 생태계는 매우 조화로워서 수많은 생물 종이 비슷한 개체 수를 유지하며 안정적으로 살아가요. 하지만 환경 변화 같은 이유로 이 균형이 깨지기 시작하면 생물계의 모든 생물 종이 위험해지지요.

모두가 연결된 생태계

식물은 광합성으로 동물이 살아가는 데 필요한 산소를 내뿜고, 동물이 숨을 쉬며 내뿜는 이산화탄소를 빨아들여 광합성을 해요. 또 초식 동물의 먹이도 되지요. 약한 초식 동물은 다시 육식 동물의 먹이가 되고요. 식물이나 동물이 죽으면 세균이나 균류 같은 유기체가 사체의 양분을 먹고 소화시켜 흙으로 돌려보내요.

생물들이 서로 먹고 먹히는 관계를 '먹이 사슬'이라고 해요. 대형 고양잇과 동물 같은 포식자는 먹이 사슬의 맨 꼭대기에 자리하지요. 누구도 이 포식자를 쉽게 사냥하거나 공격해 잡아먹지 못해요.

식물은 양분을 스스로 만들어 내요. 반면 동물은 식물이나 다른 동물을 먹어 양분을 얻지요.

버섯은 균류예요. 식물처럼 보이지만 전혀 다른 생물로, 광합성을 하지 않아요.

놀라운 발견

누가? 제임스 러브록, 린 마굴리스
무엇을? 가이아 이론
언제? 1972년~1979년
발견 이야기 화학자 제임스 러브록과 미생물학자 린 마굴리스는 지구 전체가 하나의 거대한 생태계라는 '가이아 이론'을 발전시켰어요. 이 이론은 생물이 어떻게 대기, 바다 심지어는 바위에까지 영향을 끼칠 수 있는지를 밝히지요.

나무는 이끼와 담쟁이덩굴 같은 다른 식물이 살아가는 집일 뿐 아니라 동물에게 산소를 공급해 주고 먹이와 쉼터가 되어 줘요.

균류는 대부분 실 모양의 세포인 균사로 이루어져 있어요. 흙에 있는 영양분을 섭취해 살아가지요.

외래종

생태계를 이루는 종은 때에 따라 많아지기도 하고 적어지기도 하지만 대개 균형을 이루기 마련이에요. 하지만 다른 곳에서 온 외래종이 안정된 생태계에 들어오면 큰 변화가 일어나요. 외래종은 먹이와 물, 생활하거나 새끼를 기를 공간을 두고 원래 있던 고유종들과 경쟁하며 고유종에게 피해를 주기도 하고, 새로운 질병을 퍼뜨리기도 하지요.

아마존 분지에서 서식하며 그곳 벌레들을 먹고 사는 부레옥잠이 다른 곳으로 옮겨 가 자라기 시작하면 해로운 외래종으로 분류돼요. 매우 빠르게 자라면서 원래 그곳에 자라던 수생 식물들을 몰아내기 때문이지요.

알고 있나요? 날지 못하는 거대한 새 도도는 인도양의 모리셔스섬에 살았어요. 하지만 사람과 쥐, 돼지, 개, 고양이가 이 섬에 들어와 살기 시작한 지 80년도 되지 않아 멸종했지요.

극한 환경

생물은 대부분 맑은 공기와 적당한 온도, 너무 짜지 않은 깨끗한 물이 있는 서식지에서 살아가요. 하지만 어떤 생물은 다른 생물 대부분이 살아가지 못할 극단적인 환경에서도 살아남지요.

어디에서든 적응하기

극한 환경에서 살아가는 생물들은 대개 단세포 미생물이에요. 아주 높거나 낮은 온도, 소금기가 너무 많거나 산성인 물 같은 환경에서도 먹고 소화시키고 성장할 수 있게 진화해 왔지요. 이들 대부분이 아주 극한 환경에서조차 에너지가 될 양분을 찾아내요.

아주 깊은 바닷속 화산 지대에서는 펄펄 끓는 황 성분이 뿜어져 나오기도 해요. 이런 환경에서 살아가는 미생물은 심해에 사는 해파리 같은 다른 생물들이 살아갈 수 있는 토대가 되어 주지요.

미국 옐로스톤 국립 공원의 온천은 섭씨 70도가 될 정도로 뜨거워요.

붉은색, 노란색, 초록색 같은 화려한 색을 띠는 미생물들이 옐로스톤 국립 공원의 '그랜드 프리즈매틱 스프링'이라는 뜨거운 온천의 가장자리에서 살아가요.

놀라운 발견

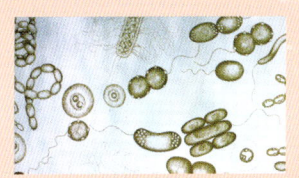

누가? 칼 우즈
무엇을? 고세균
언제? 1977년
발견 이야기 1970년대 중반, 탐험가들은 심해 화산 분화구 주변의 극한 환경에서도 살아가는 생물을 발견했어요. 미생물학자 우즈는 고세균이라고 이름 붙인 이 생물이 지구의 복잡하고 풍부한 생태계를 뒷받침하고 있다고 밝혀냈지요.

미생물이 광합성에 이용하는 카로티노이드 성분 때문에 온천이 오렌지색을 띠어요.

대단한 완보동물

물곰이라고도 불리는 완보동물도 무척 극한 환경에서 살아요. 보통 이끼나 지의류 사이에서 살지만 강력한 방사능이나 아주 춥거나 더운 기온, 충분하지 않은 물, 높은 압력, 심지어는 우주의 진공 상태에서도 살아남을 정도로 생존력이 강하지요.

완보동물은 다리가 8개인 무척추동물로, 절지동물이나 유조동물과 친척 관계라고 추정돼요. 1773년에야 비로소 발견되었는데 아주 다양하고 극한 환경에서 살 수 있다고 알려져 있지요.

알고 있나요? 어떤 과학자들은 생물이 아주 극한 환경, 그러니까 지구 안쪽의 열과 물질이 뿜어져 나오는 깊은 바닷속 열수구에서 진화해 왔을 거라고 주장해요.

진화론

왜 어떤 동물들은 비슷한 반면 어떤 동물들은 서로 다를까요? 왜 생물은 시간이 지나면서 변하거나 진화할까요? 이 질문은 수백 년 동안 과학자들에게 커다란 골칫거리였어요. 영국의 자연학자 찰스 다윈이 자연 선택에 따른 진화론을 내놓기 전까지는요.

탐험가들이 발견한 새로운 생물 종들이 다윈의 진화론에 영향을 끼쳤어요. 다윈은 아주 오래된 화석들의 존재도 진화론으로 설명하려고 했지요.

비글호 항해

다윈은 1830년대에 비글호를 타고 곳곳을 탐험하며 진화론을 생각해 냈어요. 파타고니아에서는 멸종한 거대 포유류인 메가테리움의 화석을 발견했고, 갈라파고스 제도에서는 섬마다 다른 환경에 따라 조금씩 다른 모습을 한 핀치, 바다이구아나, 거북을 관찰했지요.

다윈이 발견한 핀치

다윈은 화산섬으로 이루어진 갈라파고스 제도에서 조금씩 다른 핀치 새들을 발견했어요. 이 새들은 생물의 진화가 어떻게 일어나는지 보여 주지요. 맨 처음에는 핀치 1종이 이 섬에 정착했을 거예요. 시간이 지나면서 이 새의 후손들이 주변 섬으로 퍼져 나갔고, 핀치의 부리 모양이 각 섬에서 구할 수 있는 먹이에 따라 서서히 변해 나중에는 서로 다른 종이 되었지요.

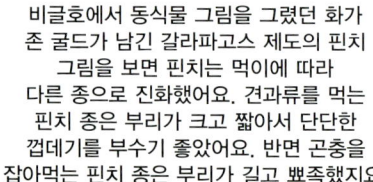

비글호에서 동식물 그림을 그렸던 화가 존 굴드가 남긴 갈라파고스 제도의 핀치 그림을 보면 핀치는 먹이에 따라 다른 종으로 진화했어요. 견과류를 먹는 핀치 종은 부리가 크고 짧아서 단단한 껍데기를 부수기 좋았어요. 반면 곤충을 잡아먹는 핀치 종은 부리가 길고 뾰족했지요.

이 거대한 거북은 갈라파고스 제도에서 가장 최근에 생성된 이사벨라섬에 살아요.

거북은 종마다 등껍질 무늬가 다르고 크기도 다양해요.

갈라파고스 제도 가운데 섬 7곳에 크기가 거대해 자이언트거북이라고 불리는 육지 거북이 10종 넘게 살아요.

놀라운 발견

누가? 찰스 다윈(왼쪽 그림), 앨프리드 러셀 월리스
무엇을? 진화론
언제? 1859년
발견 이야기 다윈은 비글호를 타고 다니며 진화와 자연 선택에 대한 이론을 생각해 냈어요. 하지만 20년 뒤에 월리스에게서 남아메리카와 아시아를 탐험하면서 비슷한 이론을 생각해 냈다는 편지를 받은 뒤에야 진화론을 발표했지요.

알고 있나요? 1800년 초, 프랑스 과학자 장 바티스트 라마르크도 진화론을 주장했어요. 하지만 진화가 어떻게 일어나는지에 대해서는 설명하지 못했지요.

43

진화는 어떻게 일어날까?

진화는 생물이 여러 세대에 걸쳐 천천히 변하거나 그렇게 해서 새로운 종이 생겨나는 과정이에요. 생물은 부모에게 유전자를 물려받지만 개체마다 유전자 조합이 조금씩 달라요. 이때 살아남는 데 유리한 유전자를 가진 개체들이 살아남아 번식해 이 유전자를 다음 세대로 전하지요. 반면 유리한 유전자를 갖추지 못한 개체들은 점점 사라지게 돼요.

자연 선택

'자연 선택'은 한 생물 종의 개체들이 혹독한 환경에 적응하며 진화가 일어나는 과정을 설명해 줘요. 먹이를 얻을 기회, 짝짓기 상대를 두고 벌이는 경쟁, 포식자의 위협, 질병, 기후 변화 같은 환경에 가장 잘 적응한 개체가 살아남아 다른 개체와 짝짓기를 하고, 환경에 적응하는 데 도움을 준 유전자를 후손에게 전하지요.

매년 엄청난 수의 영양과 얼룩말이 풀이 더 많은 곳을 찾아 세렝게티 평원을 가로질러 이동해요. 하지만 새로운 환경에 잘 적응한 개체들만 살아남지요.

동물이 이동하는 과정은 험난해요. 이때 쉽게 지치거나 병에 걸리는 개체들은 무리에서 버려지지요.

메가테리움은 약 1만 년 전에 멸종한 큰 육상 나무늘보예요. 서식지에 일어나는 변화를 극복하지 못해 자연 선택에서 도태되었고, 오늘날에는 나무에 서식하는 작은 나무늘보만 남게 되었어요.

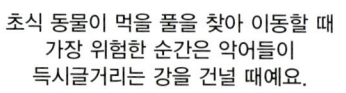

초식 동물이 먹을 풀을 찾아 이동할 때 가장 위험한 순간은 악어들이 득시글거리는 강을 건널 때예요.

놀라운 발견

누가? 제임스 윌리엄 터트
무엇을? 회색가지나방의 진화
언제? 1896년
발견 이야기 곤충학자 터트는 영국에서 산업 혁명이 일어나는 사이 회색가지나방의 색이 더 어두워졌다고 주장했어요. 색이 어두울수록 공기가 오염되고 뿌연 환경에서 새에게 잡아먹힐 가능성이 작기 때문에 더 어두운 색을 띤 나방만이 살아남아 번식한 결과였지요.

진화와 유전자

진화론을 주장한 다윈도 부모가 환경에 유리한 유전자들을 자손에게 어떻게 전해 주는지는 알지 못했어요. 하지만 오늘날에는 부모의 유전자가 섞이며 DNA를 복제하는 과정에서 생기는 오류로 무작위적인 돌연변이가 일어나 진화가 이루어진다는 것을 알게 되었지요.

악어는 커다란 먹이를 사냥하지만 자주 잡지는 못해요. 그래서 먹지 않고도 최대 1년은 살아남을 수 있게 진화했어요.

오스트리아의 성직자 그레고어 멘델은 서로 다른 특징을 가진 콩을 교배하던 중에 우리가 '유전자'라고 부르는 개념을 처음으로 발견했어요. 하지만 1860년대에는 그 누구도 멘델이 발견한 사실의 중요성을 몰라봤지요.

알고 있나요? 아주 천천히 일어나는 진화 과정을 연구하려면 시간이 오래 걸리기 때문에 생물학자들은 10일마다 새로운 세대를 만드는 초파리로 진화를 연구하지요.

생물의 역사

지구에는 약 39억 년 전부터 생명이 존재했어요. 하지만 그 뒤로 약 5억 4,000만 년 전까지 34억 년 정도 이어진 선캄브리아 시대에는 아주 단순한 단세포 유기체만 살았지요. 지구의 오랜 역사에 비추어 보면 지구에 복잡한 생물들이 등장해 진화해 온 건 그리 오래되지 않았어요.

시대 구분하기

지구에 사는 다세포 생물의 역사는 고생대, 중생대, 신생대로 나뉘어요. 순서대로 오래된 생물, 중간 시대의 생물, 최근의 생물이라는 뜻이지요. 각각의 대는 수천만 년이나 이어지는 지질학적 기간인 '기'로 다시 나뉘는데, 암석이나 화석을 보고 지질학적 시기를 알아내지요.

아노말로카리스는 5억 4,000만 년 전인 캄브리아기에 바다에 살았던 포식 동물 가운데 하나예요.

삼엽충의 화석은 모두 고생대 화석 층에서 발견돼요. 삼엽충은 고생대가 시작되는 캄브리아기에 나타나 고생대가 끝나는 페름기에 멸종했지요.

대멸종

지구 역사에서 생물은 우주에서 날아온 소행성과의 충돌, 화산 폭발, 기후 변화 같은 자연 재해로 큰 변화를 겪어 왔어요. 자연재해가 닥치면 지구를 지배하며 살던 동물들 대부분이 죽어 멸종해요. 그러고 나면 살아남은 동물들이나 새로운 동물들이 그 빈자리를 차지하고 살아가며 번성하지요.

약 6,500만 년 전, 거대한 소행성이 지구와 충돌해 공룡이 멸종했어요. 이후로 포유동물이 가장 큰 육상 동물이 되었지요.

제3장 인체

놀라운 몸

인간은 세포 약 37조 개로 이루어진 복잡한 다세포 생물이에요. 이 세포들이 모여 다양한 조직을 만들고, 조직이 모여 신체 기관이 되지요. 신체 기관은 혈액을 다른 기관으로 보내거나 호르몬을 만드는 것처럼 각자 맡은 일을 하고 있어요.

 인체의 여러 계

사람의 몸은 서로 다른 기능을 담당하는 여러 계로 이루어져 있어요. 뼈와 근육은 몸을 지탱하고 움직여요. 두뇌와 신경은 주변 환경에 대한 정보를 모아서 몸이 반응하도록 돕지요. 소화계는 음식물을 소화시켜 에너지를 얻고, 심장과 폐는 근육이 쓸 에너지를 보내 줘요. 그 밖에 다친 몸이 낫거나 안정적으로 작동하도록 돕는 계들도 있어요.

어떤 계는 폐처럼 몸속 한곳을 정해 자리 잡기도 하고 신경계처럼 몸 전체에 퍼져 있기도 해요.

인체를 이루는 요소

인간의 몸은 화학 원소로 이루어져 있어요. 산소가 인체 질량의 65퍼센트로 가장 많고, 그다음으로 탄소가 18.5퍼센트를 차지해요. 탄소는 생물에 꼭 필요한 복잡한 화학 물질을 이루며 여기저기 쓰이지요. 그리고 가벼운 수소가 10퍼센트를, 질소, 칼슘, 인이 모여 5.7퍼센트를 차지해요. 그 밖에 양이 적은 여러 원소들이 있어요.

우리 몸속 산소와 수소는 대부분 물 분자(H_2O)로 존재해요. 물은 대개 어른 몸무게의 55~60퍼센트를 차지하지만 어린이의 몸에는 더 많이 들어 있어요.

놀라운 발견

누가? 안드레아스 베살리우스
무엇을? 인체 해부학
언제? 1543년
발견 이야기 벨기에 브뤼셀에서 태어난 의사 베살리우스는 죽은 사람의 사체를 살펴 인체를 연구하는 해부학을 개척했어요. 덕분에 의사들이 1,400년 가까이 주장해 온 인체에 대한 잘못된 생각과 방식을 수없이 발견해 바꾸었지요.

뇌는 눈과 귀와 같은 감각 기관에서 모은 정보들을 토대로 몸이 무엇을 하거나 해야 할지 알려 줘요.

우리 몸의 기관과 조직은 몸이 쉬든 움직이든 상관하지 않고 항상 작동하고 있어요.

소화계는 우리가 움직일 수 있는 에너지를 내줘요. 음식에서 영양분을 모으고 이 영양분을 혈액에 실어 몸 곳곳으로 운반하지요.

우리가 달릴 때면 뼈가 다리를 지탱하고 근육이 다리를 움직여요. 뇌는 어디로 달릴지 방향을 지시하지요.

알고 있나요? 우리 몸속 세포는 대부분 현미경으로 봐야 할 정도로 작아요. 하지만 여성의 생식 세포인 난자는 0.2밀리미터 정도여서 맨눈으로도 보여요.

뇌

사람의 뇌는 자연에 존재하는 구조 가운데 가장 복잡해요. 뇌에는 약 860억 개의 신경 세포들이 촘촘하게 모여 있고, 이 신경 세포들이 거대한 연결망을 이루지요. 신경 세포가 전기 신호를 내보내면 뇌에 흐르는 화학 물질이 이 신호를 실어 날라요.

뇌는 어떻게 작동할까?

인간의 뇌는 여러 구역으로 나뉘어요. 각각의 구역은 특별한 역할을 맡은 신경 세포들로 이루어지지요. 뇌의 아래쪽 가운데에 위치한 뇌줄기는 반사 작용이나 호흡, 심장 같은 심폐 기능을 조절하고, 주름진 바깥층인 대뇌 피질은 사고나 감각 처리 같은 더 복잡한 일을 도맡아요.

대뇌 피질은 주름져 있어서 더 많은 신경 세포가 자리 잡을 수 있어요. 주름이 많을수록 표면적이 넓어지기 때문이지요.

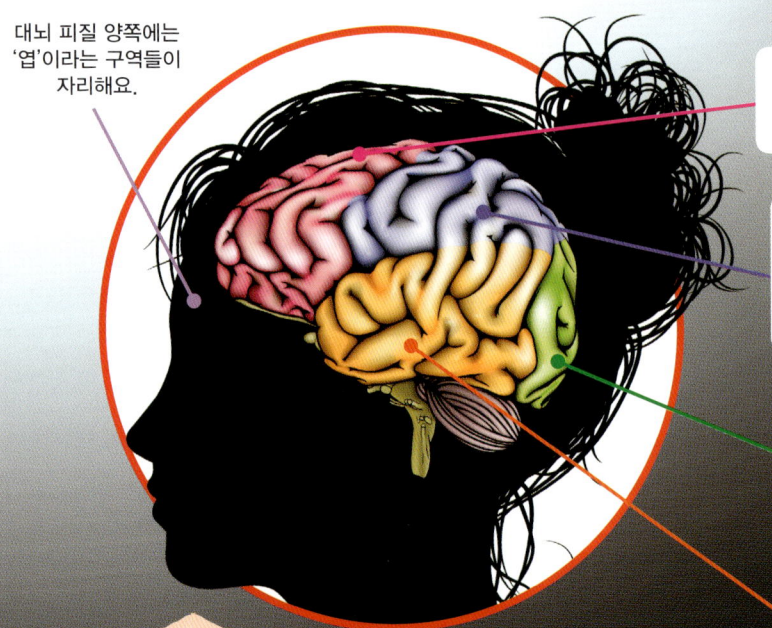

대뇌 피질 양쪽에는 '엽'이라는 구역들이 자리해요.

이마엽은 감정과 사고, 기억, 창의력 같은 활동을 담당해요.

마루엽은 물체를 알아보고 구별 짓는 지각 능력과 맛을 구별하는 미각, 언어 능력에 관여해요.

뒤통수엽은 눈에서 오는 정보들을 처리해요.

관자엽은 후각과 청각을 담당하지요.

놀라운 발견

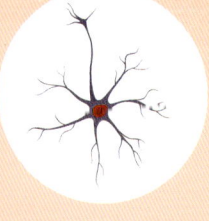

누가? 산티아고 라몬 이 카할
무엇을? 신경 세포설
언제? 1888년
발견 이야기 스페인 해부학자 라몬 이 카할은 신경계가 독립적인 신경 세포로 이루어져 있고, 이 세포들이 화학적 정보를 주고받을 때만 서로 연결된다는 사실을 밝혀냈어요.

알고 있나요? 뇌에는 통증을 느끼는 통각 신경이 전혀 없어요. 그래서 뇌는 통증을 느끼지 못하지요.

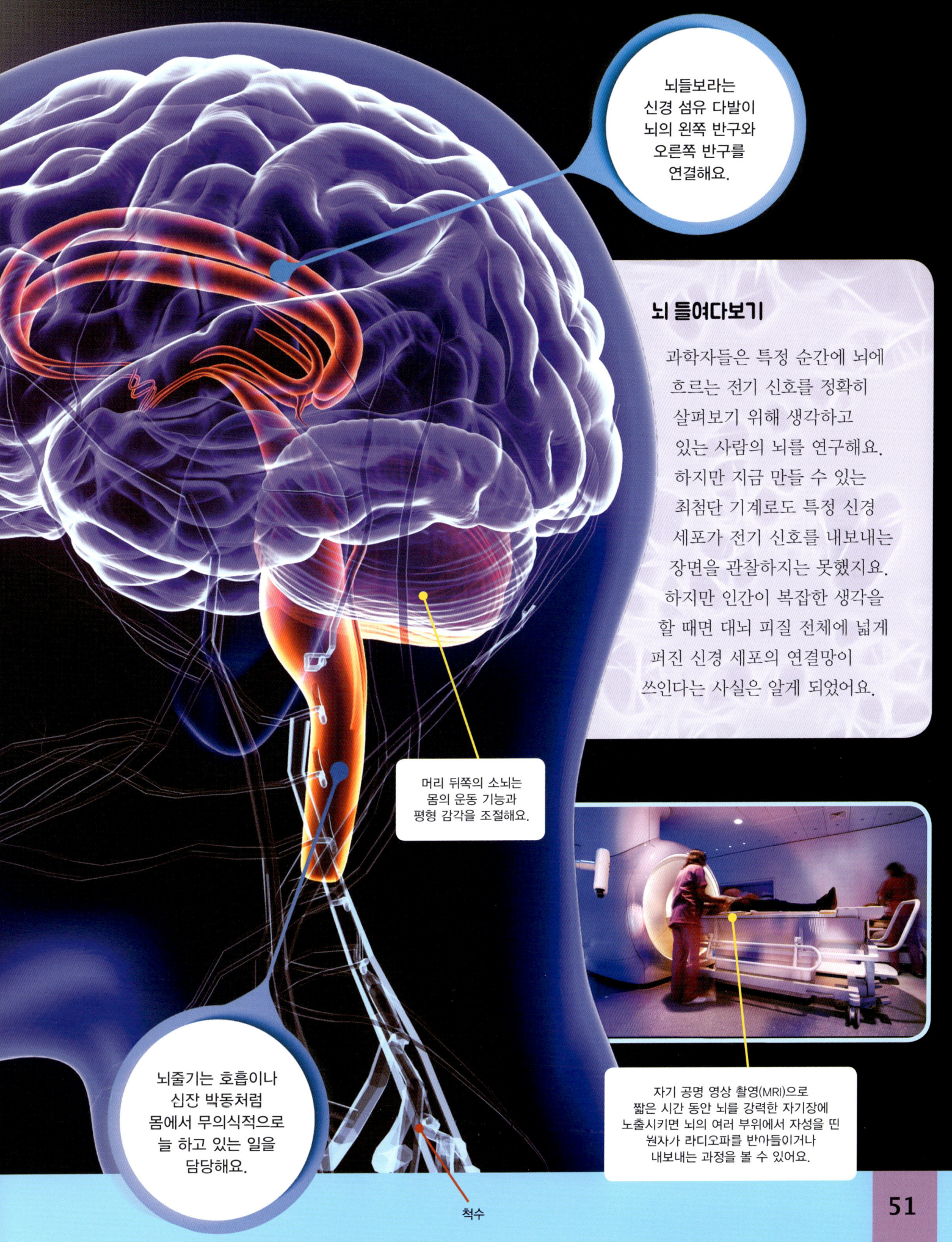

뇌들보라는 신경 섬유 다발이 뇌의 왼쪽 반구와 오른쪽 반구를 연결해요.

뇌 들여다보기

과학자들은 특정 순간에 뇌에 흐르는 전기 신호를 정확히 살펴보기 위해 생각하고 있는 사람의 뇌를 연구해요. 하지만 지금 만들 수 있는 최첨단 기계로도 특정 신경 세포가 전기 신호를 내보내는 장면을 관찰하지는 못했지요. 하지만 인간이 복잡한 생각을 할 때면 대뇌 피질 전체에 넓게 퍼진 신경 세포의 연결망이 쓰인다는 사실은 알게 되었어요.

머리 뒤쪽의 소뇌는 몸의 운동 기능과 평형 감각을 조절해요.

뇌줄기는 호흡이나 심장 박동처럼 몸에서 무의식적으로 늘 하고 있는 일을 담당해요.

자기 공명 영상 촬영(MRI)으로 짧은 시간 동안 뇌를 강력한 자기장에 노출시키면 뇌의 여러 부위에서 자성을 띤 원자가 라디오파를 받아들이거나 내보내는 과정을 볼 수 있어요.

척수

뼈와 근육

뼈는 사람의 몸무게를 지탱하고 전체적인 몸의 모양을 잡아 주는 다양하고 단단한 신체 조직이에요. 연골은 단단하기는 하지만 뼈보다는 무르고 잘 구부러지는 조직으로, 뼈대를 연결해요. 뼈에 붙은 근육은 여러 방향으로 당겨져 몸의 형태를 바꾸고 몸을 움직이게 해요.

사람의 골격

갓 태어난 사람의 아기는 뼈가 300개 정도 있는데, 다 자란 어른은 뼈가 모두 206개예요. 자라면서 몇몇 뼈가 서로 붙기 때문이에요. 뼈는 인산칼슘이라는 무기질 성분 때문에 무척 딱딱해요. 그래서 안까지 꽉 차 있을 것 같지만 뼈 안쪽은 스펀지처럼 구멍이 나 있고, 그 구멍을 메우고 있는 골수라는 조직이 혈액 세포인 혈구를 만들어요.

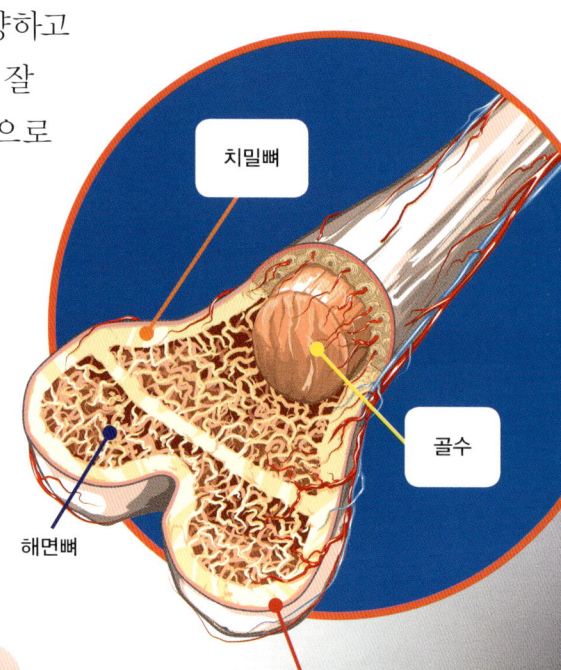

넙다리뼈와 볼기뼈 같은 기다란 뼈 끝의 동그란 부분 안에 있는 골수가 우리 몸속 혈액의 대부분을 만들어 내요.

근육 조직

근육은 조직의 길이를 줄여서 당기는 힘을 만들어 내는 특별한 세포로 이루어져요. 근육 가운데 가장 흔한 골격근은 기다란 섬유질 다발로 되어 있고, 민무늬근은 혈관과 다양한 신체 기관의 안쪽 벽을 이루어요. 심장을 이루는 심장근은 1초도 쉬지 않고 일하는 특별한 근육이지요.

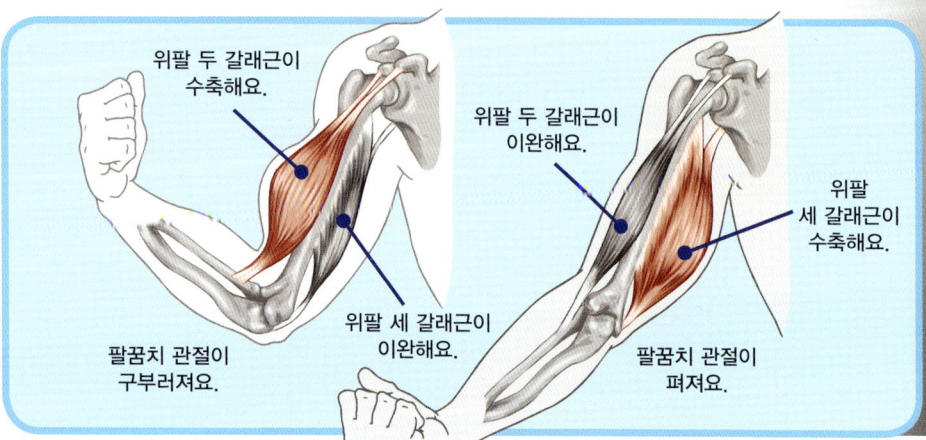

뼈에 붙은 골격근은 서로 짝을 이루어 움직여 관절의 움직임을 만들어 내요. 한 근육이 이완하면 짝을 이루는 근육이 수축해 관절이 움직이게 되지요.

발은 뼈 52개로 이루어져요. 우리 몸에 있는 뼈의 4분의 1도 넘지요.

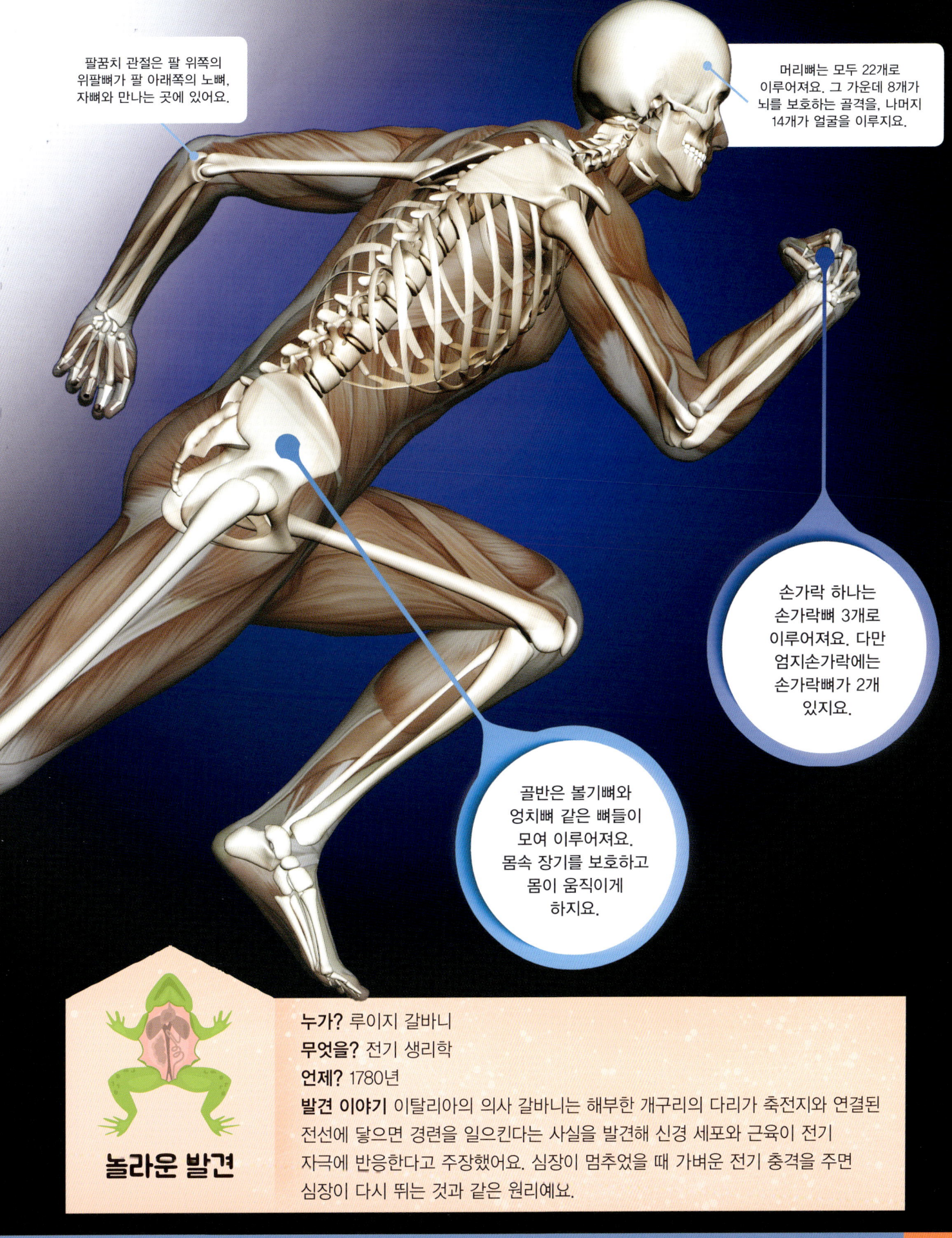

신경계

신경계는 뇌 이곳저곳으로, 그리고 뇌와 몸 사이에 정보를 실어 나르는 특별한 세포인 신경 세포로 이루어져요. 신경계에는 감각 신경 세포와 운동 신경 세포라는 세포도 있는데, 각각 몸의 감각과 운동을 담당하지요. 뇌와 척수는 신경계의 중심인 중추 신경계예요.

신경 신호와 시냅스

정보는 전기를 띤 화학 물질의 형태로 신경 세포에서 다른 신경 세포로 전달돼요. 이때 이 신호는 신경 세포 사이에 있는 시냅스라는 좁은 틈새를 건너 가지 돌기라는 부분을 통해 다른 신경 세포로 들어가지요. 그런 다음 축삭 돌기라는 긴 가지를 따라 이동해 신경 세포 밖으로 빠져나가고, 다시 한번 시냅스를 건너 또 다른 신경 세포로 전해져요.

2가지 신경계

신경계 일부는 우리가 알아채기도 전에 저절로 움직여요. 생각하지 않고도 장기나 몸의 기능을 통제하고, 몸을 이완시키거나 움직임을 준비시키는 신호를 보내는 거예요. 반면 감각을 해석하거나 근육을 움직이는 것처럼 생각이 필요한 일을 다루는 신경계도 있어요.

척수는 몸과 뇌 사이에 난 고속도로와도 같아요. 신경은 이 고속도로를 타고 뻗어 나가 몸 구석구석으로 퍼지지요.

의사가 조그만 망치로 앉아 있는 사람의 무릎을 톡 두드리면 무릎이 순식간에 펴졌다가 제자리로 돌아와요. 이것을 반사 운동이라고 하지요. 무릎에 있는 신경 세포들이 뇌가 내리는 명령을 기다리지 않고 반사적으로 반응하는 거예요. 이런 반사 운동이 우리 몸을 위험으로부터 보호해요.

축삭 돌기는 아주 얇고 긴 전선과 비슷해서 신경 세포가 내보내는 전기 신호를 실어 나르지요.

54

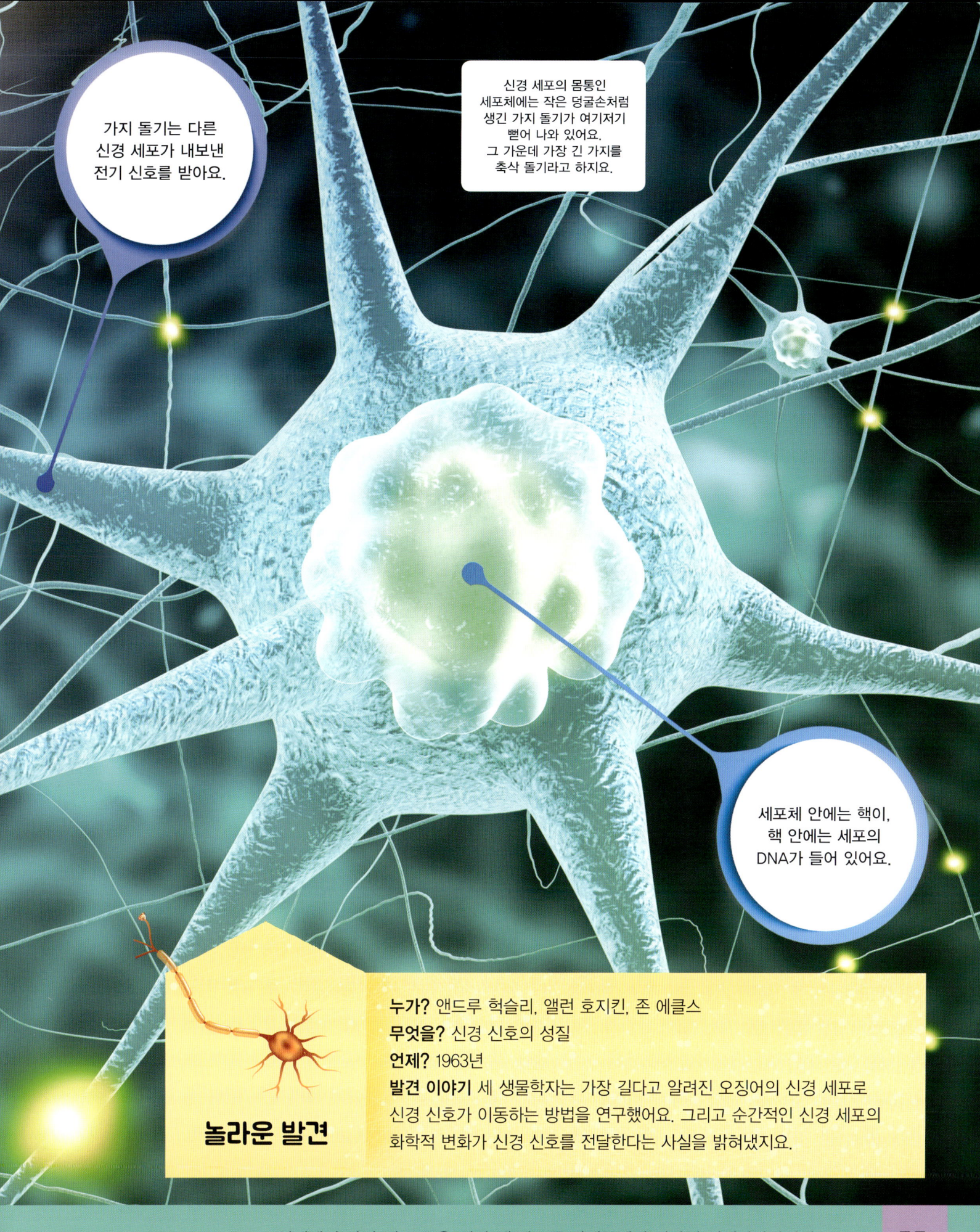

피부와 털

피부는 심장이나 간처럼 우리 몸을 이루는 신체 기관으로, 자기만의 역할과 기능을 해요. 여러 층으로 된 피부에는 신경, 털, 분비샘이 있어서 연약한 몸 안쪽 조직을 보호하고 체온을 일정하게 유지하고 촉감을 느끼지요.

피부의 구조

피부는 3개 층으로 이루어져 있어요. 가장 바깥인 표피는 우리 몸 안과 밖을 분리하는 장벽으로 피가 흐르지 않고 물이 스며들지 않아요. 표피 안의 진피는 피가 흐르며 감각 수용체가 있어요. 가장 안쪽의 피하 조직은 근육과 뼈, 다른 신체 기관을 감싸고 있으며 몸에 필요한 영양분을 지방 형태로 저장해요.

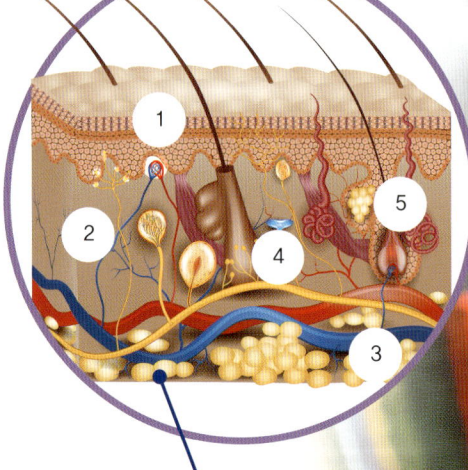

피부의 (1) 표피, (2) 진피, (3) 피하 조직이에요. 진피에는 (4) 모낭과 (5) 감각 수용체가 있어요.

모낭마다 2가지 색소가 섞여 있는데, 그 비율에 따라 털색이 진해지기도 하고 연해지기도 해요.

털은 케라틴이라는 얇은 단백질로 만들어지는데, 진피 속 모낭에 있는 털뿌리에서 자라요.

사람은 나이가 들면 피부의 탄력이 점점 떨어져요. 그래서 피부가 늘어지고 주름이 생기지요.

털

사람은 대부분의 포유동물과 달리 몸에 털이 아주 적어요. 하지만 털은 중요한 역할을 하지요. 머리카락은 몸이 햇볕에 지나치게 그을리거나 체온을 빼앗기지 않도록 보호해요. 눈썹과 속눈썹, 코와 귀에 난 털은 미생물과 먼지, 기생충이 몸속으로 들어오지 못하게 막지요. 어떤 털은 촉각을 느끼는 기관이에요.

오래된 표피 세포는 피부 바깥으로 점점 밀려나가 편평하게 말라붙고 결국 피부에서 떨어져 나가요.

피부와 털은 체온을 일정하게 유지시켜요. 털은 땀이 피부에서 증발되게 도와 체온이 높아지지 않게 해요. 기온이 낮을 때면 털이 꼿꼿이 곤두서 피부에 가까운 공기층을 가두어 체온을 잃지 않게 해요.

놀라운 발견

누가? 이븐시나
무엇을? 피부 진정제
언제? 1025년
발견 이야기 페르시아 철학자 이븐시나는 1025년에 쓴 의학 책에서 피부 발진에 산화아연 성분을 쓰라고 적었어요. 산화아연은 지금도 피부 발진을 진정시키는 데 쓰이지요.

알고 있나요? 우리 몸에서 1분 동안 떨어져 나가는 오래된 피부 세포는 무려 3만~4만 개나 돼요!

소화계

포유동물이 모두 그렇듯이 사람이 살아가려면 음식을 먹어 에너지를 얻어야 해요. 이 과정을 소화라고 하지요. 하나의 관처럼 서로 연결된 여러 소화 기관들을 위장관이라고 하는데, 여기에서 음식을 부수고 영양분을 빨아들여 우리가 쓸 수 있는 에너지로 만들어요. 또 에너지를 만들고 남은 찌꺼기와 노폐물을 없애지요.

간에서 만들어지는 쓸개즙은 지방을 소화하고 콜레스테롤 같은 노폐물을 없애도록 도와줘요.

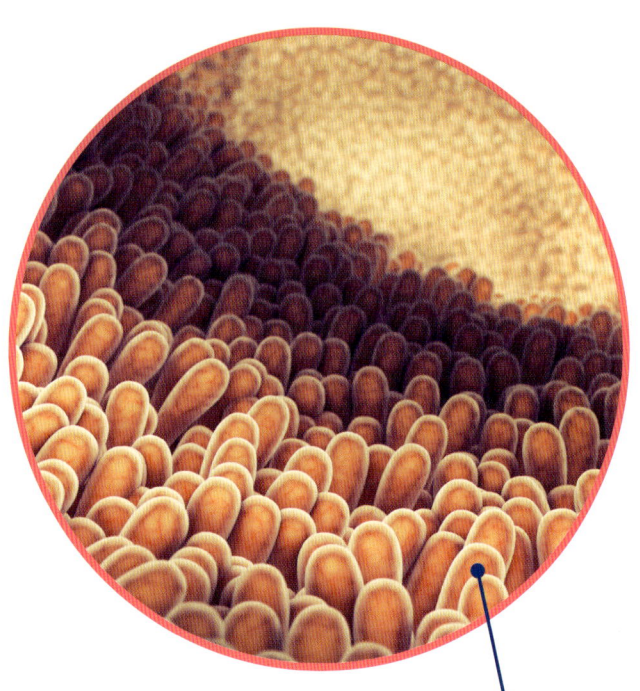

음식물이 거치는 경로

우리가 씹어 삼킨 음식물은 식도라는 좁은 관으로 밀려 들어가 위까지 내려가요. 힘센 위 근육이 음식물을 짓이기고 위액은 음식물을 분해하지요. 작은창자는 분해된 음식물에 있는 영양분을 흡수해 혈액으로 내보내고, 그리고 남은 음식 찌꺼기는 곧창자를 거쳐 몸 밖으로 밀려나요.

작은창자의 안쪽 벽에는 조그만 돌기인 융털이 수천 개나 있어요. 소화 과정에서 얻은 영양분은 융털의 얇은 벽을 지나 혈액 속으로 들어가지요.

큰창자는 작은창자에서 빠져나온 축축한 노폐물을 처리해요. 이때 수분은 다시 흡수해 혈액으로 보내고, 여기에서도 남은 찌꺼기는 똥이 돼요.

놀라운 발견

누가? 얀 밥티스타 판 헬몬트
무엇을? 화학적 소화
언제? 1662년
발견 이야기 1600년대에는 열이 위 속의 음식을 분해한다고 생각했어요. 하지만 판 헬몬트는 소화는 촉매제가 일으키는 화학 반응이라고 주장했지요. 이 촉매제가 바로 효소라는 단백질이에요.

알고 있나요? 작은창자는 길이가 6~7미터나 되는 반면 큰창자는 1.5미터 정도밖에 되지 않아요. 하지만 큰창자는 폭이 작은창자보다 훨씬 넓지요.

위에 있는 강한 산성을 띤 위액이라는 효소가 음식물 속 화학 물질을 분해해요.

노폐물을 처리하는 콩팥

콩팥은 몸 곳곳에서 만들어지는 노폐물을 처리해요. 약 100만~150만 개나 되는 조그만 관이 혈액에서 염분 같은 노폐물을 걸러 액체로 된 찌꺼기인 오줌을 만들지요. 오줌은 수뇨관을 따라 방광에 모였다가 몸 밖으로 내보내져요. 콩팥은 매일 최대 200리터 정도의 혈액에서 노폐물을 걸러 내지요.

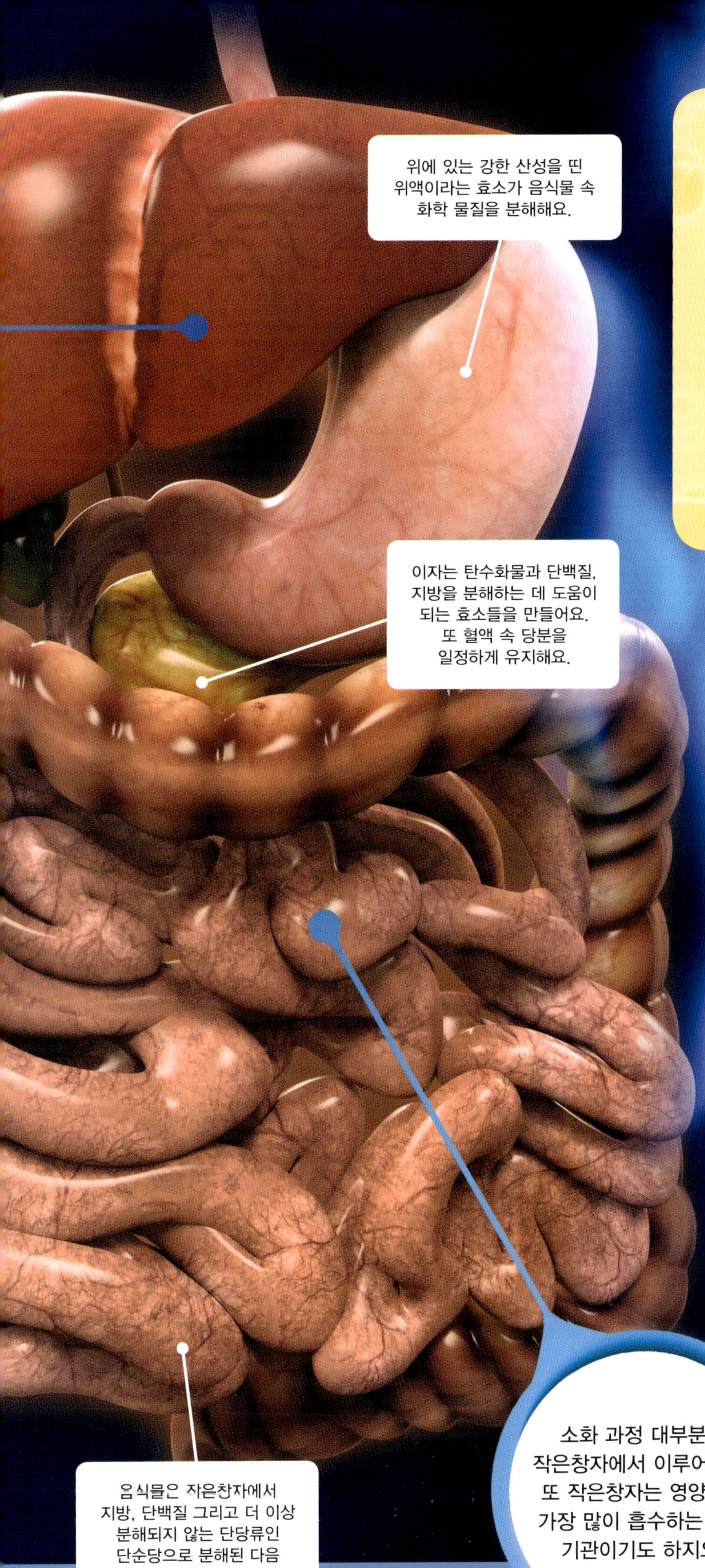

이자는 탄수화물과 단백질, 지방을 분해하는 데 도움이 되는 효소들을 만들어요. 또 혈액 속 당분을 일정하게 유지해요.

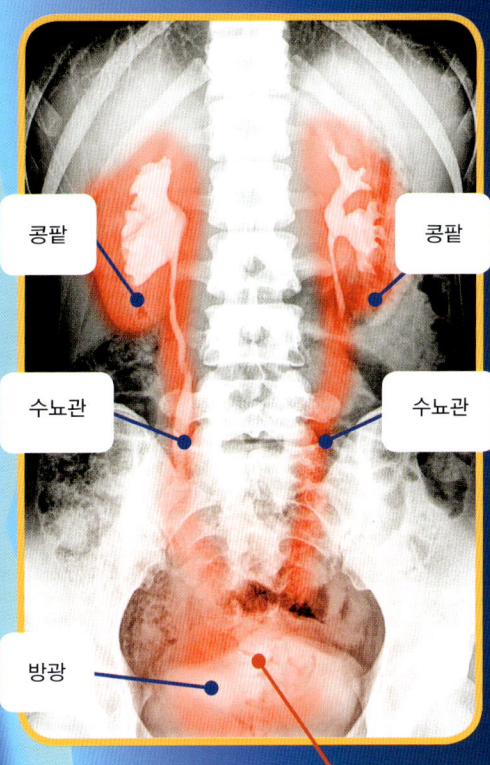

콩팥 콩팥
수뇨관 수뇨관
방광

방광이 반쯤 차면 방광을 비워야 한다는 신경 신호가 뇌로 전달돼요. 그러면 우리는 방광 아래쪽에 자리한 근육을 이완시켜 오줌을 내보내지요.

소화 과정 대부분이 작은창자에서 이루어져요. 또 작은창자는 영양분을 가장 많이 흡수하는 소화 기관이기도 하지요.

음식물은 작은창자에서 지방, 단백질 그리고 더 이상 분해되지 않는 단당류인 단순당으로 분해된 다음 혈액을 따라 흘러요.

59

심장, 혈액, 폐

혈액은 우리 몸의 다양한 화학 물질과 성분을 몸 이곳저곳으로 실어 나르는 운송 체계예요. 그중에서도 폐에 있는 산소를 근육으로 실어 나르는 일이 가장 중요하지요. 그래야 근육이 몸을 움직이는 것과 같은 활동을 할 수 있기 때문이에요. 힘센 심장은 심장 근육을 수축해 여러 물질을 실은 혈액이 몸 구석구석으로 흐르게 해요.

인간의 혈액은 붉은 액체로, 대부분이 적혈구로 이루어져 있어요. 혈액에는 질병과 싸우는 백혈구와 피가 굳게 돕는 혈소판도 있지요.

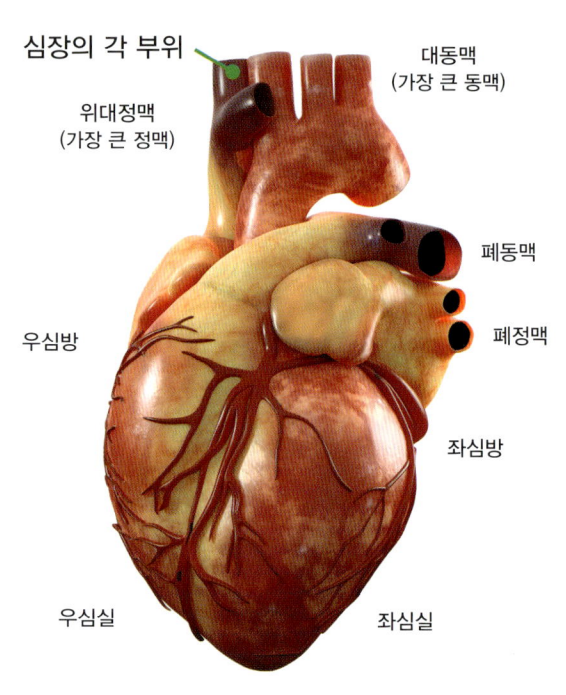

심장의 각 부위
- 대동맥 (가장 큰 동맥)
- 위대정맥 (가장 큰 정맥)
- 폐동맥
- 폐정맥
- 우심방
- 좌심방
- 우심실
- 좌심실

순환계

심장은 근육으로 이루어진 펌프로 안쪽이 비어 있어요. 크게 왼쪽 부분과 오른쪽 부분으로 나뉘고, 다시 위쪽의 심방과 아래쪽의 심실로 나뉘어요. 심장의 좌심방과 우심실은 폐정맥, 폐동맥으로 폐와 연결되어 있어서 산소가 풍부한 혈액을 받고 산소가 부족해진 혈액을 내보내요. 또, 심장의 좌심실과 우심방과 연결된 동맥과 정맥이 온몸으로 혈액과 산소를 전하고 노폐물을 실어 나르지요.

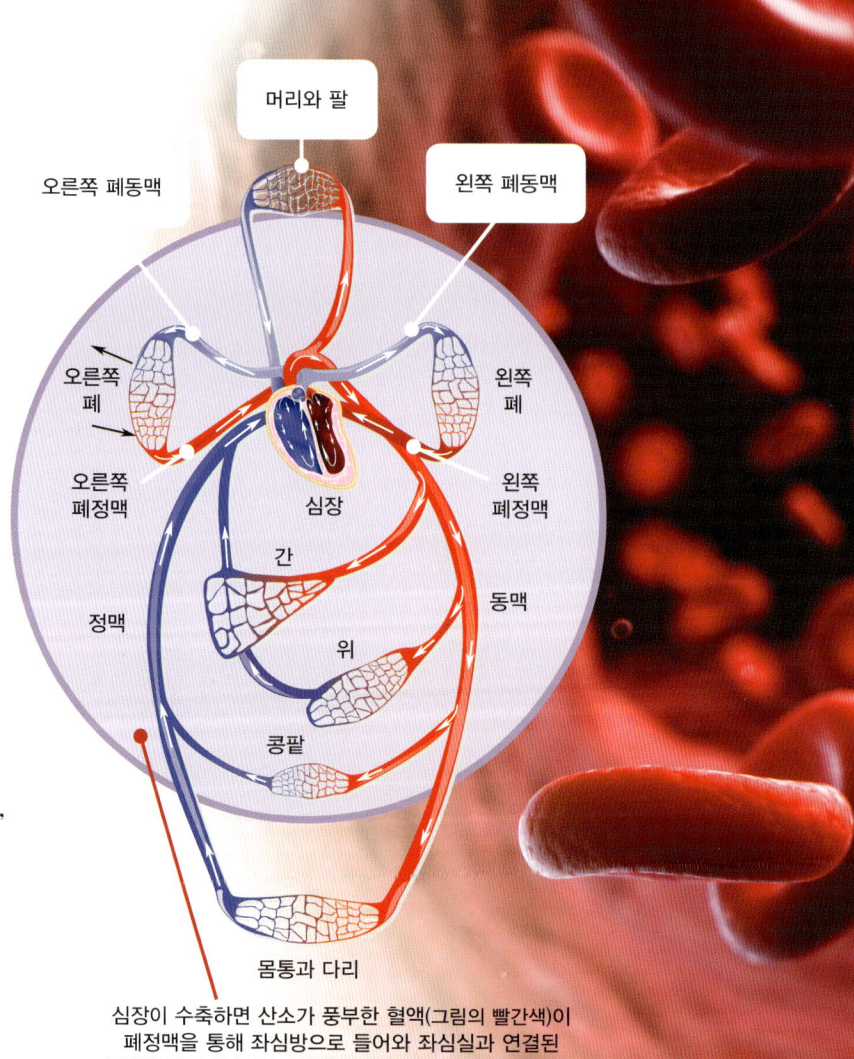

심장이 수축하면 산소가 풍부한 혈액(그림의 빨간색)이 폐정맥을 통해 좌심방으로 들어와 좌심실과 연결된 동맥을 타고 온몸으로 퍼져 나가요. 동시에 온몸을 돌고 산소가 부족해진 혈액(그림의 파란색)이 정맥을 통해 우심방으로 들어와 우심실과 연결된 폐동맥을 타고 다시 폐로 들어가 산소를 전해 받아요.

알고 있나요? 폐는 우리 몸에서 가장 큰 신체 기관이라고 볼 수도 있어요. 폐의 표면을 편평하게 펼치면 테니스장을 뒤덮을 만큼 넓기 때문이지요.

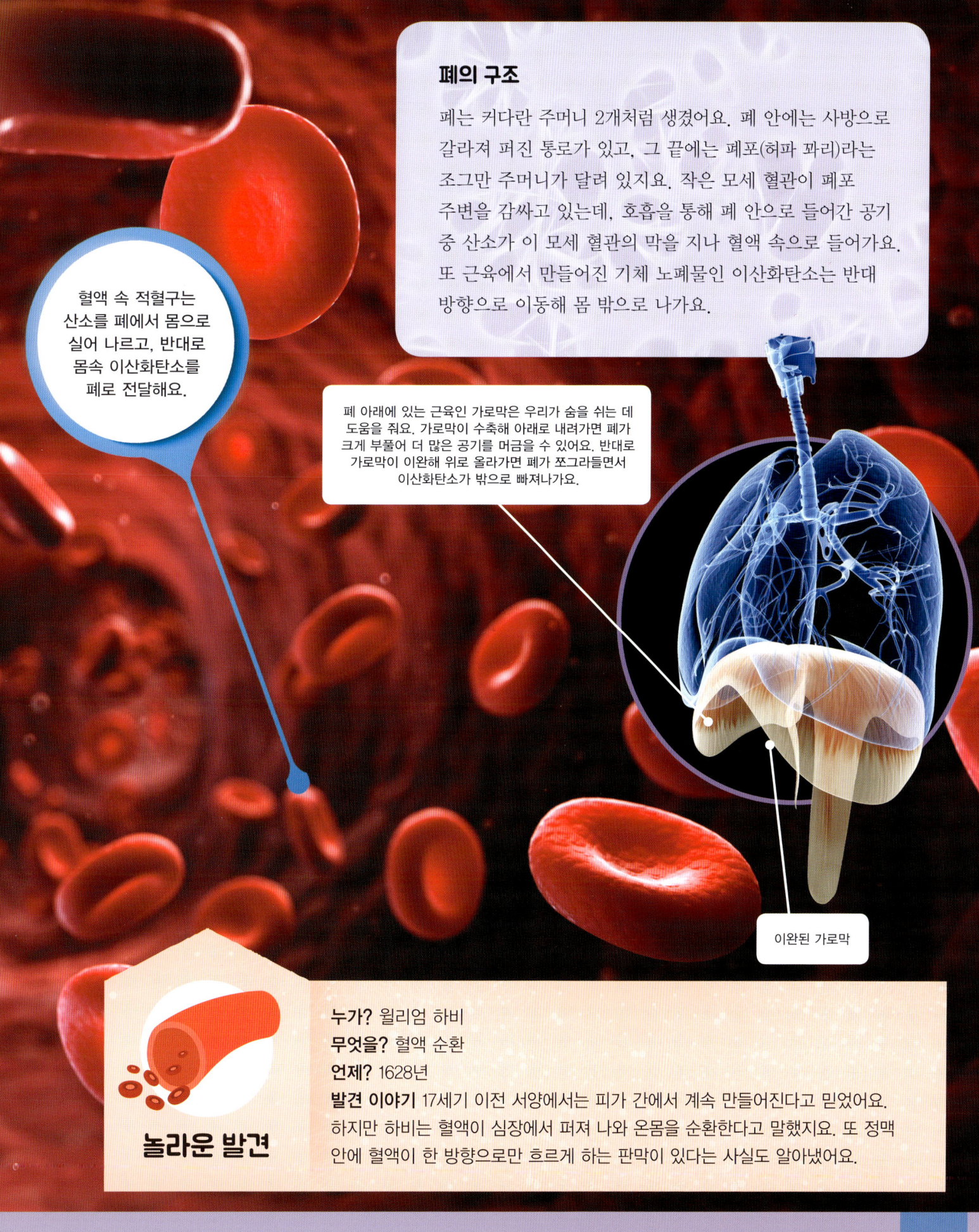

폐의 구조

폐는 커다란 주머니 2개처럼 생겼어요. 폐 안에는 사방으로 갈라져 퍼진 통로가 있고, 그 끝에는 폐포(허파 꽈리)라는 조그만 주머니가 달려 있지요. 작은 모세 혈관이 폐포 주변을 감싸고 있는데, 호흡을 통해 폐 안으로 들어간 공기 중 산소가 이 모세 혈관의 막을 지나 혈액 속으로 들어가요. 또 근육에서 만들어진 기체 노폐물인 이산화탄소는 반대 방향으로 이동해 몸 밖으로 나가요.

혈액 속 적혈구는 산소를 폐에서 몸으로 실어 나르고, 반대로 몸속 이산화탄소를 폐로 전달해요.

폐 아래에 있는 근육인 가로막은 우리가 숨을 쉬는 데 도움을 줘요. 가로막이 수축해 아래로 내려가면 폐가 크게 부풀어 더 많은 공기를 머금을 수 있어요. 반대로 가로막이 이완해 위로 올라가면 폐가 쪼그라들면서 이산화탄소가 밖으로 빠져나가요.

이완된 가로막

놀라운 발견

누가? 윌리엄 하비
무엇을? 혈액 순환
언제? 1628년
발견 이야기 17세기 이전 서양에서는 피가 간에서 계속 만들어진다고 믿었어요. 하지만 하비는 혈액이 심장에서 퍼져 나와 온몸을 순환한다고 말했지요. 또 정맥 안에 혈액이 한 방향으로만 흐르게 하는 판막이 있다는 사실도 알아냈어요.

아기는 어떻게 생길까?

난자와 정자가 만나 만들어진 수정란이 엄마 몸 밖에서도 살아갈 수 있을 정도로 자라나는 데는 9개월이 걸려요. 이 기간 동안 태아는 엄마 몸 안에 있는 자궁에서 자라는 데 필요한 모든 것을 얻지요.

자궁 안을 채운 액체인 양수가 태아를 보호해 줘요.

수정란에서 태아까지

여자 몸속의 난소는 대략 10대부터 50대 초반까지 한 달에 한 번씩 난자라는 생식 세포를 내보내요. 하나의 세포로 된 난자는 아기가 생겨나는 데 필요한 유전자의 절반을 담고 있지요. 난자가 남자의 몸에서 온 정자와 만나 수정되면 수정란이 만들어지는데, 이때 정자가 가진 절반의 유전자를 받아요. 수정란은 분열하기 시작해 더 복잡한 배아가 되고 7주가 지나면 사람의 형태를 갖춘 태아가 되지요.

옆의 그림은 난자가 난소에서 자궁까지 이동하는 과정을 보여 줘요. 정자는 난관을 따라 내려온 난자와 만나 수정하고, 이후 수정란이 계속 분열해 배아가 돼요. 배아는 수정 이후 두꺼워진 자궁 안쪽에 붙어 태아로 자라나지요.

1. 난자
2. 수정
3. 세포 분열
4. 수정란의 착상

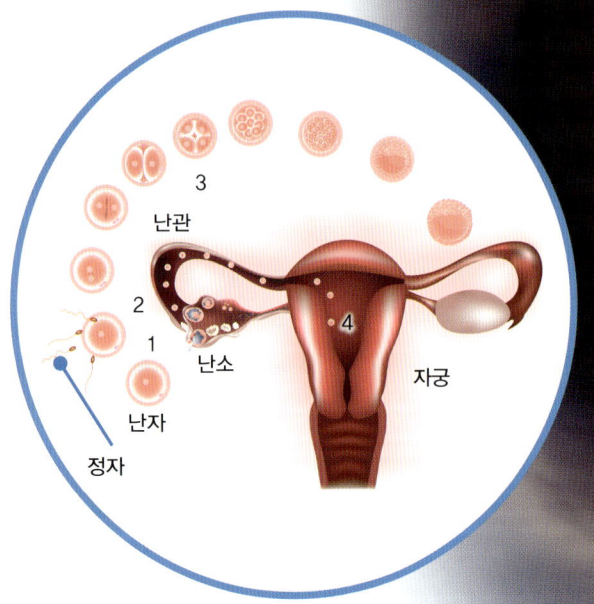

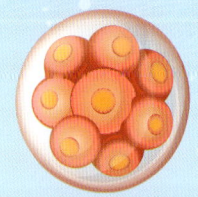

놀라운 발견

누가? 패트릭 스텝토, 로버트 에드워즈
무엇을? 체외 수정
언제? 1977년
발견 이야기 의사 스텝토와 에드워즈는 정자를 실험실의 난자에 넣어 수정시킨 뒤 배아를 엄마의 자궁에 착상시키는 실험을 성공시켰어요. 그 뒤로 수많은 사람들이 체외 수정을 통해 아기를 가지고 낳게 되었지요.

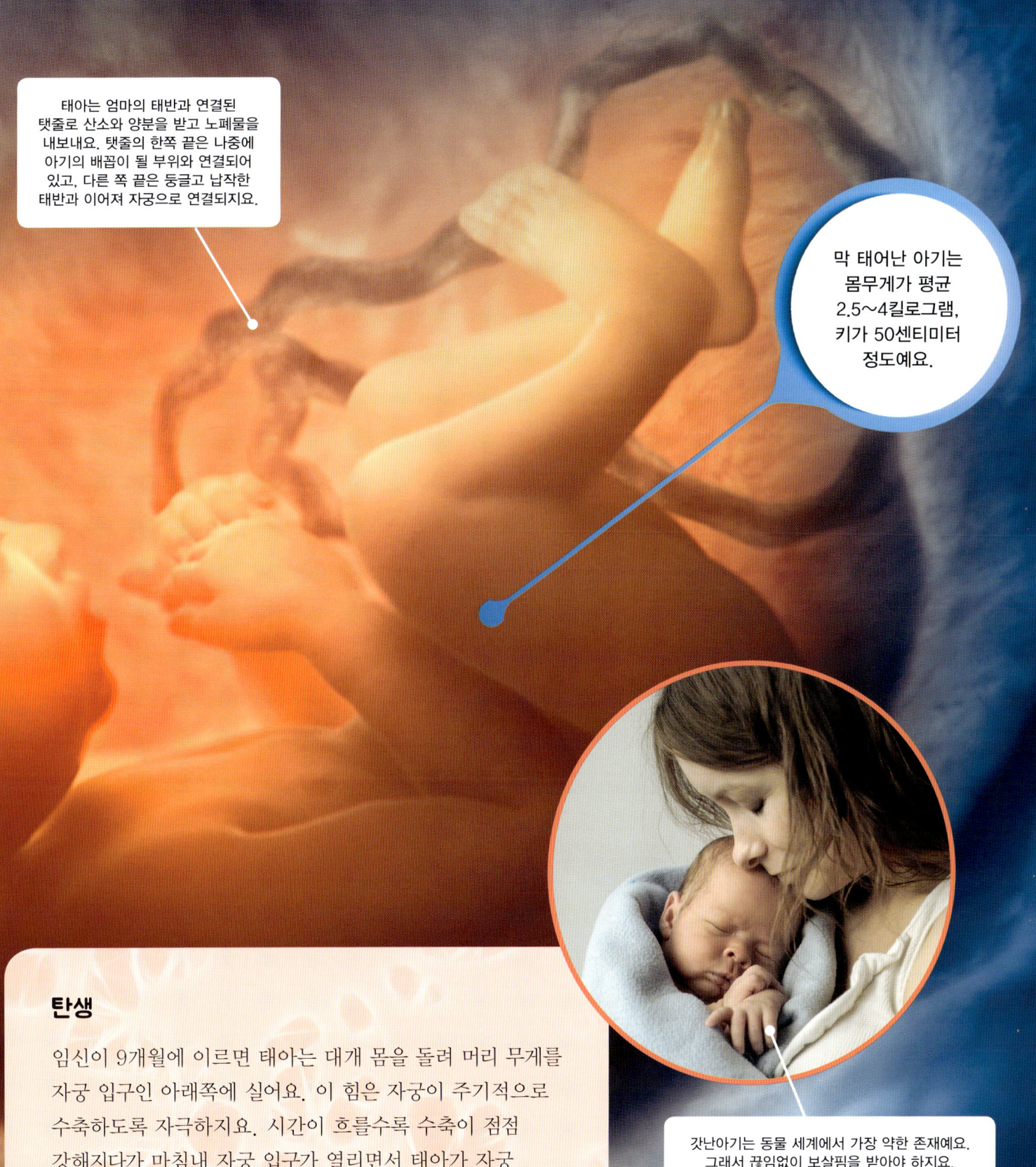

태아는 엄마의 태반과 연결된 탯줄로 산소와 양분을 받고 노폐물을 내보내요. 탯줄의 한쪽 끝은 나중에 아기의 배꼽이 될 부위와 연결되어 있고, 다른 쪽 끝은 둥글고 납작한 태반과 이어져 자궁으로 연결되지요.

막 태어난 아기는 몸무게가 평균 2.5~4킬로그램, 키가 50센티미터 정도예요.

탄생

임신이 9개월에 이르면 태아는 대개 몸을 돌려 머리 무게를 자궁 입구인 아래쪽에 실어요. 이 힘은 자궁이 주기적으로 수축하도록 자극하지요. 시간이 흐를수록 수축이 점점 강해지다가 마침내 자궁 입구가 열리면서 태아가 자궁 밖으로 밀고 나와 바깥세상을 만나요!

갓난아기는 동물 세계에서 가장 약한 존재예요. 그래서 끊임없이 보살핌을 받아야 하지요. 아기는 태어난 뒤 몇 개월 동안 젖이나 분유를 먹다가 점차 더 단단한 음식을 먹게 돼요.

알고 있나요? 임신 기간에서 마지막 10주 동안은 평소보다 10퍼센트 정도 더 많은 에너지가 필요해요.

질병과 싸우는 면역계

병원균이라는 조그만 유기체는 우리 몸을 지속적으로 공격해 병을 일으켜요. 하지만 우리 몸은 병원균에 맞서 스스로를 지킬 수 있지요. 물이 들어가지 못하는 피부, 몸을 보호하는 털, 콧물처럼 끈적거리는 점액은 우리 몸을 지키는 맨 앞의 장벽이에요. 만약 병원균이 이 벽을 뚫고 들어오면 그때는 면역계가 우리 몸을 지키지요.

우리 몸은 한 번 만났던 병원균을 '기억'해요. 림프구는 그 병원균만 콕 집어 공격하는 항체를 만들지요.

병정 세포

면역계는 병원균과 맞서 싸우는 호중구, 호산구, 호염기구, 림프구, 단핵구, 비만 세포 같은 백혈구 세포로 이루어져 있어요. 백혈구는 몸을 공격하는 세균과 바이러스, 미생물을 먹어 치워 소화하거나 화학 물질로 맞서 싸워요. 림프구와 단핵구는 항체라는 심부름꾼을 활용해 함께 병원균에 맞서요.

병원균은 하나의 세포로 이루어진 세균과 바이러스로 나뉘어요. 바이러스는 우리 몸속 세포를 공격해 조종하는 유전 정보를 담고 있지요.

바이러스

세균

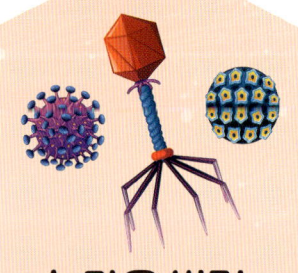

놀라운 발견

누가? 드미트리 이바노프스키, 마르티누스 베이에링크
무엇을? 바이러스
언제? 1892년~1898년

발견 이야기 러시아의 식물학자 이바노프스키는 담배 작물을 병들게 하는 질병을 조사하면서 세균보다도 작은 무언가가 질병을 일으켰다는 사실을 알아냈어요. 몇 년 뒤, 베이에링크는 이 작은 전염성 병원체에 바이러스라는 이름을 붙였지요.

64 **알고 있나요?** 지금까지 바이러스 약 9,000종이 연구되었는데, 그 가운데 약 200종이 인간에게 질병을 일으켜요.

이 독감 바이러스는 우리 몸속 세포 안에 들어가 세포를 파괴하고 스스로를 복제해요.

림프구는 특별한 혈액 단백질인 항체를 내보내 특정한 병원균과 맞서 싸워요.

독감 바이러스에 딱 들어맞게 생긴 항체가 바이러스 바깥에 달라붙어 바이러스를 파괴해요.

알레르기

면역계가 때로 지나치게 반응하면 알레르기를 일으키기도 해요. 호염기구, 단핵구, 비만 세포는 모두 히스타민이라는 화학 물질을 내보내는데, 히스타민이 너무 많아지면 신경 끝부분이 예민해져 간지러움을 일으키거나 점액을 만들고 피부를 붓게 하지요. 알레르기 반응은 콧물부터 성가신 피부 발진, 기도가 부어오르는 위험한 증상까지 다양해요.

벌레가 우리 몸을 물어 몸속에 미생물을 집어넣으면 면역계는 히스타민을 내보내요. 우리 몸이 감염과 싸우는 방식이지요.

스스로 치료하기

우리 몸은 다치더라도 스스로를 치료하려고 해요. 상처나 부러진 뼈는 며칠에서 몇 주 사이면 낫고, 이제는 줄기세포를 이용해 신체 기관에 필요한 새로운 조직을 만들 수도 있지요.

엑스선 사진 속 하얀 선은 뼈가 부러졌던 위치를 보여 줘요. 하지만 이제는 다 나았지요.

혈액과 딱지

피부가 찢어지면 피가 나요. 우리 몸 밖으로 흐른 혈액은 상처를 치료하는 데 도움을 주지요. 혈액에 있는 혈소판이 찢어진 피부 조직에 달라붙고 단단히 엉켜서 흘러나오던 피가 잦아들어요. 동시에 상처에서 내보낸 화학 물질이 혈소판 주변 혈액을 끈적하게 만들어서 결국 찢어진 곳에 딱지가 생기지요.

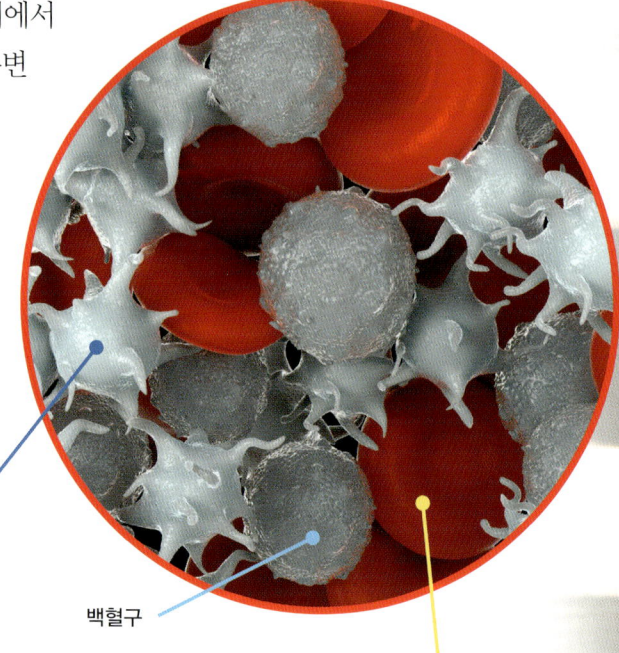

혈소판은 대개 편평한 접시 모양이에요. 하지만 혈소판이 핏덩어리를 만들 때면 그림처럼 뾰족뾰족한 공 모양을 띠어요. 그래야 서로 잘 달라붙기 때문이에요.

백혈구

적혈구

10살 어린이가 팔목과 팔 아래쪽 뼈가 부러진 지 3주 뒤에 찍은 엑스선 사진이에요.

뼈가 부러지면 어떻게든 스스로 나으려고 해요. 그러다 뼈 모양이 틀어지기도 하지요. 팔이 부러지면 의사는 부러진 뼈를 잘 맞추고 팔을 단단한 깁스에 고정한 다음 팔이 낫는 동안 깁스 보호대를 쓰게 해요.

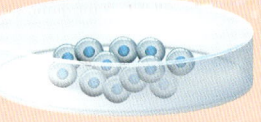

놀라운 발견

누가? 제임스 틸, 어니스트 매컬러
무엇을? 줄기세포
언제? 1963년
발견 이야기 두 과학자는 골수 세포를 이용한 실험으로 치료용 줄기세포의 가능성을 발견했어요. 아직 분화하지 않은 줄기세포는 다양한 조직으로 자랄 수 있기 때문에 오늘날 재생 의학에서 많이 쓰이지요.

66

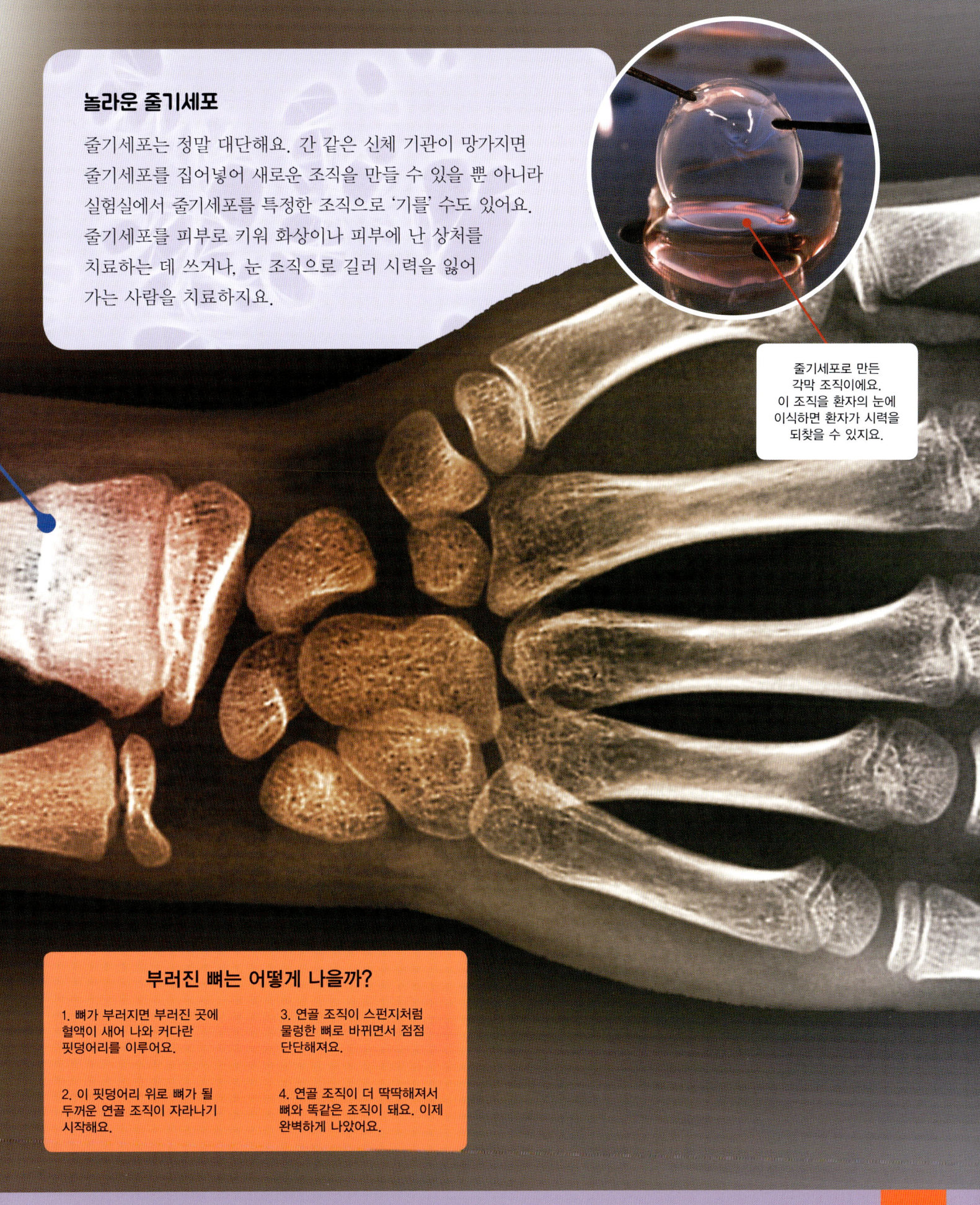

놀라운 줄기세포

줄기세포는 정말 대단해요. 간 같은 신체 기관이 망가지면 줄기세포를 집어넣어 새로운 조직을 만들 수 있을 뿐 아니라 실험실에서 줄기세포를 특정한 조직으로 '기를' 수도 있어요. 줄기세포를 피부로 키워 화상이나 피부에 난 상처를 치료하는 데 쓰거나, 눈 조직으로 길러 시력을 잃어 가는 사람을 치료하지요.

줄기세포로 만든 각막 조직이에요. 이 조직을 환자의 눈에 이식하면 환자가 시력을 되찾을 수 있지요.

부러진 뼈는 어떻게 나을까?

1. 뼈가 부러지면 부러진 곳에 혈액이 새어 나와 커다란 핏덩어리를 이루어요.

2. 이 핏덩어리 위로 뼈가 될 두꺼운 연골 조직이 자라나기 시작해요.

3. 연골 조직이 스펀지처럼 물렁한 뼈로 바뀌면서 점점 단단해져요.

4. 연골 조직이 더 딱딱해져서 뼈와 똑같은 조직이 돼요. 이제 완벽하게 나았어요.

알고 있나요? 우리 몸에서 가장 빠르게 낫는 신체 기관은 혀와 입 안쪽이에요. 살짝 다친 혀와 입 안쪽은 몇 시간 만에 낫기도 하지요.

제4장 힘과 에너지

어디에나 있는 물리학

> 우주 왕복선의 질량에 따라 속력 또는 속도가 달라진다는 사실도 물리학을 통해 알 수 있어요.

물리학은 아주 작은 것부터 아주 큰 것까지 지구와 우주의 모든 사물이 작동하는 방식을 설명해요. 물리학의 법칙은 다른 과학 분야의 기초가 되어 주지요. 물리학은 그야말로 우리를 둘러싼 어느 곳에나 있어요.

사람들이 물리학에 대해 잘 알게 되면서 놀라운 기계들을 만들어 냈어요. 우주로 쏘아 올리는 우주선처럼요.

힘과 일

우리는 모두 힘의 영향을 받아요. 중력은 뭐든 아래로 끌어당기고, 두 물건을 문지르면 마찰력 때문에 저항이 생기지요. 힘이 없다면 우주의 그 어떤 것도 변하지 않아요. 하지만 힘이 가해지면 사물의 속도가 바뀌고 방향이 달라지고 심지어 모양도 변하지요. 어떤 사물에 힘을 가해 그 사물이 움직이는 것을 '일'이라고 표현해요. 일을 하면 에너지가 하나의 형태에서 다른 형태로 바뀌거나 하나의 사물에서 다른 사물로 전해지지요.

이 사람은 끌어당기는 힘을 써 바구니를 앞으로 이동시키고 있어요. 이 과정에서 몸속의 화학 에너지가 운동 에너지로 바뀌지요.

바구니에 작용하는 다른 힘도 있어요. 땅바닥에 저항하는 마찰력과 중력이에요. 이 두 힘은 72쪽~73쪽에 자세히 나와 있어요.

놀라운 발견

누가? 갈릴레오 갈릴레이
무엇을? 상대성 원리
언제? 1632년
발견 이야기 이탈리아의 과학자 갈릴레오 갈릴레이는 당시 사람들이 믿은 대로 태양이 정말 지구를 공전하는지에 대해 고민했어요. 그러다 같은 속도로 움직이는 두 물체는 어떤 것이 가만히 있는지 또는 움직이는지 구별할 수 없다고 했지요.

지구의 중력에서 벗어나는 데 필요한 속도를 '탈출 속도'라고 해요. 지구의 탈출 속도는 약 초속 11.2킬로미터이지요.

우주선은 우주선을 밀어 올리는 힘이 끌어내리는 중력, 마찰력, 저항력을 합한 힘보다 크면 속도를 계속 높이며 날아가요.

힘과 일의 측정 단위

힘을 측정하는 단위는 '뉴턴'이에요. 1킬로그램짜리 물건을 들어 올리면 중력이 물건을 아래로 끌어당기는 힘이 반대 방향으로 작용해 약 10뉴턴의 힘을 느끼게 돼요. 한편 일은 '줄'이라는 단위로 측정해요. 어떤 물체를 1뉴턴의 힘으로 1미터 움직였을 때 1줄의 일을 했다고 말하지요.

이 고속 모터보트가 앞으로 나아가는 힘을 계산하려면 엔진이 모터보트를 미는 힘에서 물살을 헤치고 나갈 때 발생하는 마찰력과 저항력을 빼야 해요.

알고 있나요? 우주 왕복선은 186만 뉴턴의 힘으로 발사돼요. 중력이 우주 왕복선을 아래로 당기는 힘을 이기고 하늘로 쏘아 올릴 수 있는 힘이지요.

뉴턴의 운동 법칙

과학자 아이작 뉴턴은 1600년대 후반에 운동에 대한 3가지 법칙을 발견해 현대 물리학의 기초를 닦았어요. 이 법칙들은 물체가 운동하는 방식을 알려 주고, 물체가 서로 어떻게 작용하는지, 어떤 힘이 물체의 운동에 영향을 주는지를 설명해요.

내려오는 롤러코스터는 중력이 작용해 가속도가 붙기 때문에 재빠르게 아래로 내달려요.

운동 제1법칙과 운동 제2법칙

뉴턴의 운동 제1법칙(관성의 법칙)은 힘을 주지 않으면 물체는 움직이지 않거나 움직이던 속도대로 움직인다는 법칙이에요. 뉴턴의 운동 제2법칙(가속도의 법칙)에 따르면 물체에 가하는 힘이 클수록 물체가 더 많이 움직인다고 해요. 이때 물체가 움직이는 정도는 운동량이라고 하는데, 운동량은 물체의 질량에 속도를 곱한 값이지요. 이 2가지 법칙은 너무 당연해 보이지만 물체의 움직임을 설명하는 데 무척 중요해요.

치타는 황소보다 최고 속력(속도)이 5배가량 빠르지만 운동량은 절반밖에 되지 않아요. 이 치타는 몸무게가 약 70킬로그램인 데 반해 황소는 대개 치타보다 10배는 무겁기 때문이에요.

놀라운 발견

누가? 아이작 뉴턴
무엇을? 운동 법칙
언제? 1687년
발견 이야기 철학자이자 과학자인 뉴턴은 태양 주위를 도는 혜성의 궤도에 대해 알아내려고 했어요. 그리고 태양의 강력한 중력에 영향을 받은 혜성이 간단하지만 기본적인 운동 법칙에 따라 움직인다는 사실을 알아냈지요.

뉴턴의 운동 제1법칙에 따르면 물체는 외부에서 힘이 주어지지 않는 한 제자리에 머물러요. 롤러코스터는 아래에 놓인 체인의 도움으로 첫 번째 높은 지점까지 올라가요.

롤러코스터가 아래로 떨어지는 모습에서 뉴턴의 운동 제2법칙을 알 수 있어요. 롤러코스터와 안에 탄 사람들의 질량이 중력과 함께 작용해서 롤러코스터가 빠른 속도로 내달려 내려가지요.

사람이 롤러코스터 의자에 앉으면 몸무게가 의자를 누르는 힘이 작용해요. 동시에 의자도 크기는 같지만 방향은 반대인 힘으로 사람을 밀어요.

운동 제3법칙(작용과 반작용의 법칙)

뉴턴의 운동 제3법칙은 어떤 물체에 작용하는 힘이 있으면 물체도 반작용으로 힘을 준다고 설명해요. 물체가 주는 반작용력은 물체에 작용하는 힘과 크기는 같지만 방향이 반대예요. 질량이 동일한 두 물체가 맞부딪혀 같은 속도로 밀려나는 것도 작용과 반작용 현상이지요.

무거운 야구 방망이를 힘껏 휘둘러 가벼운 야구공을 치면 야구공은 빠른 속도로 튕겨 나가요. 그러고 나면 야구 방망이는 그보다 훨씬 느린 속도로 뒤로 밀려나지요. 하지만 야구 방망이와 야구공의 질량이 다르기 때문에 서로 멀어지는 속도도 달라요.

알고 있나요? 질량이 다른 두 물체도 땅으로 떨어지는 속도는 같아요. 지구의 중력이 두 물체의 속도를 초속 9.8미터씩 높이기 때문이지요. 이것 역시 운동 제2법칙이에요.

중력과 만유인력

만유인력은 질량을 가진 물체들이 서로를 끌어당기는 힘이에요. 지구가 태양 주위를 도는 것도, 우리가 발로 땅을 디딜 수 있는 것도 만유인력 때문이지요. 특히 지구가 지구 위의 물체를 끌어당기는 힘을 중력이라고 해요. 물체의 질량이 작으면 만유인력도 작아서 알아채기 힘들어요. 하지만 커다란 물체 사이의 만유인력은 강해서 우주를 가로질러 작용하고, 우주의 생김새에까지 영향을 끼쳐요.

중력이 스카이다이버들을 아래로 끌어당겨요. 하지만 낙하산을 펴면 마찰력이 생겨 떨어지는 속도가 느려지지요.

언제나 작용하는 힘

뉴턴은 사과나무에서 사과를 떨어뜨리는 힘이 달이 지구 주위를 계속 돌게 하는 힘과 같다는 사실을 알아냈어요. 또한 질량이 클수록 만유인력이 크다는 사실도 밝혀냈지요. 질량이 큰 두 물체 사이에는 만유인력도 크게 작용하지만 물체 사이의 거리가 멀어지면 만유인력도 작아져요.

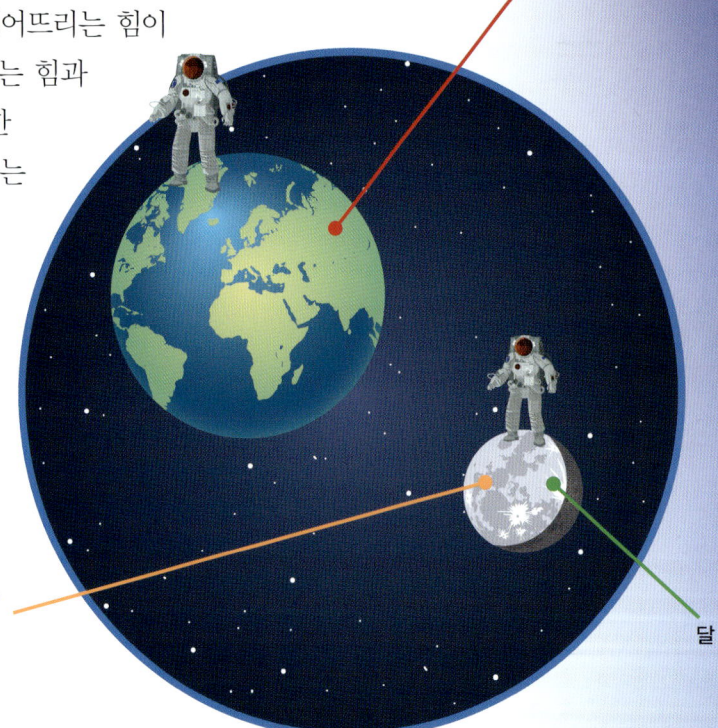

지구

달

달은 지구보다 질량도 크기도 작아서 중력이 지구의 6분의 1밖에 되지 않아요. 그래서 달에 간 우주 비행사들은 큼지막한 우주복을 입고도 점프할 수 있지요.

중력은 비행기를 지구 쪽으로 끌어당겨요. 하지만 비행기의 양쪽 날개가 비행기를 들어 올리기 때문에 떨어지지 않지요.

놀라운 발견

누가? 로버트 훅, 아이작 뉴턴(왼쪽 그림)
무엇을? 만유인력
언제? 1666년~1687년
발견 이야기 훅은 모든 거대한 물체 바깥쪽으로 만유인력이 작용하는 구역인 중력장이 만들어진다고 처음으로 주장했어요. 뉴턴은 행성이 왜 곡선 궤도로 움직이는지를 중력장으로 설명했지요.

지구는 공처럼 둥글기 때문에 지구의 중력은 모든 물체를 지구의 한가운데 중심점으로 끌어당겨요.

무중력 상태

우주 비행사들은 중력이 없는 상태를 경험하는데, 우주 정거장에 중력이 작용하지 않기 때문은 아니에요. 우주 비행사들도 우리와 마찬가지로 지구가 끌어당기는 중력의 영향을 받아요. 하지만 우주 정거장은 지구 주변을 계속 돌고 있고, 우주 비행사 역시 같은 속도로 움직이고 있어서 지구의 중력을 느끼지 못하지요.

이 우주 비행사와 물건들은 사실 둥둥 떠다니는 게 아니라 떨어지는 중이에요. 하지만 우주 정거장이 지구 궤도를 따라 움직이고 있기 때문에 아래쪽이 아니라 지구 주변을 따라 떨어지고 있을 뿐이에요.

질량과 무게는 같지 않아요. 스카이다이버의 질량은 몸에 담긴 물질의 합이에요. 반면 몸무게는 그 질량에 작용하는 중력을 측정한 값이지요.

뉴턴의 운동 제2법칙에 따르면 스카이다이버 2명이 함께 떨어지는 속도는 스카이다이버 1명이 떨어지는 속도와 같아요.

알고 있나요? 블랙홀은 중력이 너무 세서 그 무엇도 블랙홀 밖으로 빠져나올 수 없어요. 심지어 빛도 빠져나오지 못하지요!

파동

물 위에 돌멩이를 던지면 돌이 떨어진 자리에서부터 물결이 퍼져 나가요. 이 물결이 에너지를 운반하는 파동이지요. 파도 역시 에너지를 실어 나르는 파동이에요.

파동은 특정한 방향으로 에너지나 운동을 전달하는 움직임이에요. 물리학과 우리 일상생활 어디에서든 파동을 만날 수 있는데, 가장 흔히 떠올릴 수 있는 파동은 물결과 음파예요.

파동 측정하기

파동은 파장, 진동수, 진폭 3가지 방식으로 측정할 수 있어요. 파장은 파동의 한 마루에서 다음 번 마루까지의 거리예요. 진동수는 1초에 한 지점을 지나치는 마루의 수이고, 파동의 속도는 파장에 진동수를 곱한 값과 같지요. 진폭은 파동 자체의 세기를 말해요.

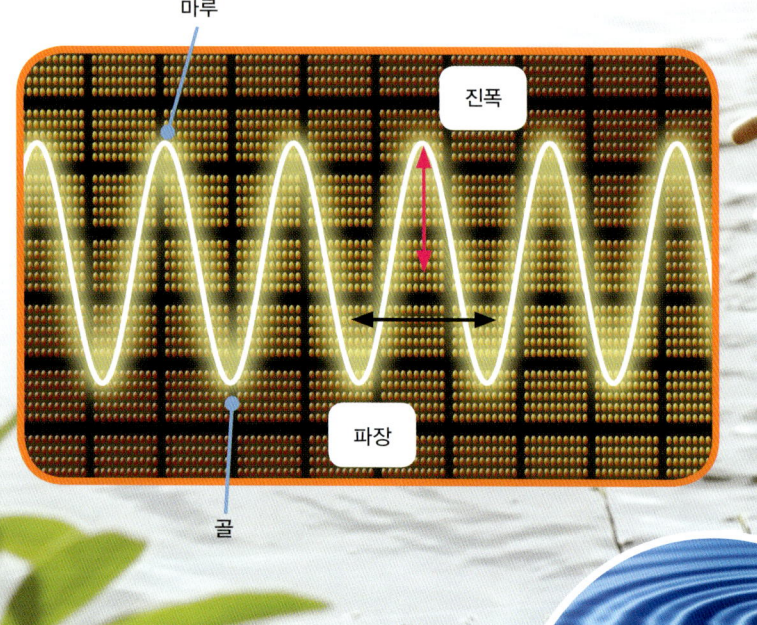

파동 2개가 만나면 그 효과가 더해져요. 두 파동이 같은 방향으로 진행되면 더 강해지지만 방향이 다르면 파동이 사라지는데, 이것을 간섭 현상이라고 하지요.

물결은 비슷한 간격을 두고 각자 원을 그리며 분리되어 있어요.

놀라운 발견

누가? 크리스티안 하위헌스
무엇을? 빛의 파동설
언제? 1678년
발견 이야기 네덜란드의 물리학자 하위헌스는 빛이 어떻게 파동의 형태로 움직이는지를 최초로 설명했어요. 그 전까지는 빛이 파동으로 움직이는 사실을 알지 못했지요.

이 물결은 수면을 따라 올라갔다 내려가면서 에너지를 전달하는 횡파예요.

파동의 특성

파동은 크게 횡파와 종파로 나뉘어요. 횡파와 종파 모두 파장, 진동수, 진폭을 가지지만 이동하는 방식이 달라요. 파동 대부분은 물질을 통해서만 움직일 수 있는데, 이 물질을 매질이라고 하지요.

파동이 위아래로 움직여요. **횡파** 진행 방향 →

횡파는 진행 방향과 직각을 이루어 위아래로 진동하며 S자 모양으로 움직여요. 빛이 횡파로 움직이지요.

파동이 앞뒤로 움직여요. **종파** 진행 방향 →
압축된 매질   펼쳐진 매질

종파는 파동의 진행 방향을 따라 앞뒤로 진동하며 직선으로 움직여요. 소리가 종파로 움직이지요.

알고 있나요? 종파로 이동하는 소리는 섭씨 20도에서 초속 343미터의 속도로 이동해요. 횡파인 빛은 그보다 거의 100만 배 빠르게 이동하지요.

열과 에너지

에너지는 물체가 일을 하거나 어떤 일을 하는 힘이에요. 에너지는 새로 만들어지거나 없어지지 않아요. 대신 한 형태에서 다른 형태로 계속 변하지요. 열은 에너지의 한 형태로, 물질 속 원자들이 빨리 움직이게 만들어요. 다른 형태의 에너지들이 열에너지로 바뀌면 이전의 형태로 돌아가지 못해요.

에너지의 여러 가지 형태

에너지는 여러 가지 형태로 나타나요. 움직이는 물체는 운동 에너지를 가져요. 위치 에너지는 물체가 어떤 위치에 있을 때 저장되었다가 나중에 일하는 데 쓰이지요. 화학 에너지는 화학 물질이 결합하는 화학 반응에서 나오는 에너지예요.

이것은 '뉴턴의 진자'예요. 가만히 놓여 있는 오른쪽 공 3개는 위치 에너지도 운동 에너지도 가지지 않아요. 하지만 왼쪽 공 1개는 들어 올려져 있기 때문에 위치 에너지를 가지지요. 이제 어린이가 왼쪽 공을 손에서 놓으면 공이 움직이면서 위치 에너지가 운동 에너지로 바뀌어요.

열에너지의 이동

열에너지가 한 곳에서 다른 곳으로 이동하는 방식은 3가지가 있어요. 전도는 열에너지가 고체 물질 안에서 이동하는 방식으로, 한 원자가 품은 열이 다른 원자로 전해져요. 이때 금속은 나무에 비해 열에너지를 잘 전달하지요. 반면 액체와 기체는 열에너지를 가진 부분이 팽창해 위로 올라가고 열에너지가 없는 부분이 밑으로 내려오는 대류 현상을 통해 열을 전달해요. 또 열은 적외선의 형태로도 이동하지요.

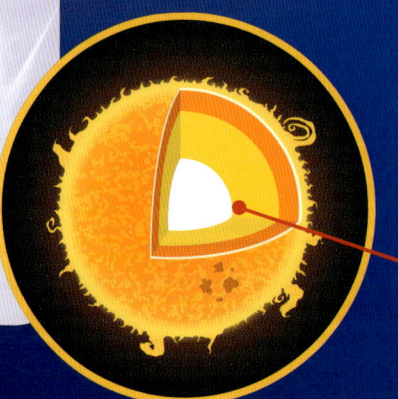

태양은 3가지 방식을 모두 사용해 열에너지를 전달해요. 태양열 에너지는 전도를 통해 원자에서 원자로 이동하는 동시에 뜨거운 입자들이 팽창해 위로 올라가고 에너지가 낮은 입자들이 그 자리를 채워요. 또 복사 에너지의 형태로 우주 공간으로 뻗어 나가요.

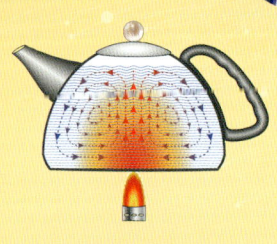

놀라운 발견

누가? 사디 카르노와 그 외 물리학자, 공학자 들
무엇을? 엔트로피
언제? 1824년~1897년
발견 이야기 1800년대 공학자와 물리학자 들은 에너지가 다른 형태의 에너지로 바뀌는 과정에서 에너지를 조금씩 잃는다는 사실을 알게 됐어요. 이때 잃어버린 에너지는 사라지지는 않지만 더 이상 일을 할 수 없는 에너지가 되어 버려요. 이러한 에너지의 흐름을 설명할 때 쓰는 말이 '엔트로피'예요.

번개가 한 번 번쩍일 때마다 약 100만 줄의 에너지가 방출돼요.

번개가 치면 주변 공기가 순간적으로 약 2만 7,000도까지 뜨거워져요.

번개가 치면 에너지가 4가지 형태, 즉 전기 에너지, 열에너지, 빛 그리고 소리로 방출돼요.

알고 있나요? 섭씨 영하 273.15도에서는 원자들도 멈추고 물체의 운동 에너지도 사라져요. 이 온도가 물리학에서 생각할 수 있는 가장 낮은 온도인 '절대 영도'예요.

전기와 자기

불을 밝히는 전기의 힘과 금속을 끌어당기는 자석의 힘은 굉장히 달라 보여요. 하지만 자석이 지닌 자기력과 전기력은 비슷한 면이 많아요. 그래서 이 2가지 힘을 합해 전자기력이라고 부르지요. 우선 전기력과 자기력 모두 주변의 물체를 끌어당기거나 밀어내는 힘이 작용하는 영역인 전자기장을 만들어 내요. 물체가 이 영역에 들어가면 전기력이나 자기력에 끌어당겨지거나 밀려나게 되지요.

전자기의 작동 방식

전하를 띤 모든 물체는 주변에 전자기장을 만들어 내요. 이 전자기장이 반대 전하를 띤 물체를 끌어당기고 같은 전하를 띤 물체를 밀어내지요. 한편 전자기장이 변하면 전기가 잘 흐르는 성질을 띤 전도체를 따라 전기가 흐르기도 해요.

감긴 전선
철심

실험용으로 만든 단순한 전자석이에요. 감긴 전선을 따라 전류가 흘러 자기장을 만들어 내는데, 한가운데 철심이 자기력을 더욱 강력하게 만들지요.

놀라운 발견

누가? 마이클 패러데이
무엇을? 전자기 유도
언제? 1831년
발견 이야기 전기의 흐름인 전류 주변으로 자기장이 만들어진다는 사실을 알게 된 뒤 물리학자 패러데이는 자기장을 이용해 전류를 만들 수 있을지 실험했어요. 그리고 돌돌 말린 전선 안에 자석을 넣었다 빼는 단순한 방식으로 전기가 흐르게 만들 수 있다는 사실을 알아냈지요. 자기장의 변화로 전류를 만들어 낸 거예요.

알고 있나요? 지구는 그 자체로 자기장을 띤 거대한 자석과도 같아요. 지구의 자기장은 계속 조금씩 움직여 수십만 년에 한 번씩 완전히 뒤바뀌어요.

공장에서 거대한 전자석으로 해면철을 옮기고 있어요. 해면철은 스펀지처럼 생긴 철광석인데, 철강 산업에서 많이 쓰이지요.

전자석의 자기장이 중력보다 강하기 때문에 해면철을 들어 올릴 수 있어요.

해면철이 붙은 전자석을 해면철을 놓을 장소 바로 위로 옮기고 전류를 차단하면 자기력이 사라져서 해면철이 떨어져요.

자석

인류는 약 3,000년 전부터 자석이 금속 물체를 끌어당기거나 밀어낸다는 사실을 알았어요. 자석은 우리 눈에는 보이지 않지만 자기장이라는 영역으로 둘러싸여 있지요. 자기력의 방향과 세기는 자기장 안에서도 제각각인데, 자석과 가까울수록 자기장의 힘이 세지요.

철과 강철 같은 금속은 자기력을 띠는 자성체예요.

철을 자석 주변에 뿌리면 철이 사진처럼 자기장을 따라 배열돼요. 모든 자석에는 북극(N극)과 남극(S극)이 있는데, 지구의 자기장에도 같은 이름이 붙어 있지요.

빛

빛은 죽 이어져 움직이는 작은 파동으로, 에너지의 한 형태예요.
우리가 일상생활에서 보는 빛은 대부분 태양이나 전기등에서 오지요.
빛은 엄청나게 빠르게 움직이는데, 우주에서 빛보다 빠른 것은 없어요.

빛 관찰하기

빛에는 서로 다른 파장들이 섞여 있어요. 그래서 우리가 여러 가지 색을 볼 수 있지요. 붉은빛 파장이 가장 길고, 푸른빛과 보랏빛 파장이 가장 짧아요. 빨간 티셔츠가 빨간색으로 보이는 것은 섬유에 있는 염료 분자가 푸른빛과 보랏빛 파장을 흡수하고 붉은빛 파장은 반사하기 때문이에요.

> 햇빛이 사라지는 밤이면 인공적인 전깃불이 어둠을 밝혀요. 전기로 켜는 가로등은 1875년에 발명되었지요.

> 우리 눈에 하얀색으로 보이는 빛에는 여러 색깔의 빛이 담겨 있어요. 이 빛이 프리즘을 통과하면 파장에 따라 휘어지면서 한쪽 끝은 푸른색이고 다른 쪽 끝은 붉은색인 빛띠가 나타나지요.

놀라운 발견

누가? 아이작 뉴턴
무엇을? 가시광선의 빛띠
언제? 1672년
발견 이야기 뉴턴이 살던 시대의 사람들은 프리즘이 햇빛에 다른 색을 더해 무지갯빛을 만들어 낸다고 믿었어요. 하지만 뉴턴은 햇빛을 프리즘에 통과시켜 무지갯빛으로 나눈 다음 다시 하얀빛으로 모으는 실험으로 햇빛 안에 여러 빛깔이 들어 있다는 사실을 보여 주었지요.

알고 있나요? 빛은 1초에 약 29만 9,793킬로미터를 이동해요. 지구에서 달까지 약 1.3초 만에 도달할 정도로 빠르지요.

빛으로 작동하는 도구

빛은 직선으로 곧게 움직이다가 물체에 닿으면 튕겨 나와요. 덕분에 우리가 그 물체를 볼 수 있지요. 현미경과 망원경은 빛을 굴절시키는 렌즈와 빛을 반사시키는 거울의 원리로 작동하는데, 2가지 도구 모두 우리가 맨눈으로 보는 것보다 빛을 더 많이 모아 사물의 이미지를 확대해 보여 줘요.

빛이 돋보기 렌즈를 통과할 때면 진행 방향이 꺾이는 굴절이 일어나요. 그 덕분에 물체를 크게 볼 수 있지요.

나무 뒤에서 빛을 비추면 나무 앞에 나무 모양의 그늘이 져요.

기체 원소인 네온이 들어 있는 네온사인에서 불빛이 뿜어져 나와요. 전기가 이 기체를 지나면 특정한 빛깔을 띠며 흐르지요.

도시는 인공 빛 덕분에 어디서든 밝게 지낼 수 있어요. 하지만 밤이 너무 환하면 별이 잘 보이지 않지요.

눈에 보이지 않는 빛

우리가 볼 수 있는 빛인 가시광선은 태양의 방사성 원소가 붕괴되면서 나오는 전자기파인 복사선의 일부예요. 이 가시광선 너머에는 우리 눈에 보이지 않는 다른 복사선들이 있어요. 하지만 인간은 눈이 감지할 수 있는 파장의 범위가 좁기 때문에 가시광선만 볼 수 있지요.

전자기 스펙트럼

전자기 스펙트럼 가운데 파장이 제일 긴 라디오파는 차갑고 에너지가 적은 물체에서 주로 나오는데, 방송이나 전파 망원경에 쓰여요. 라디오파 옆에 자리하는 마이크로파는 휴대 전화 신호를 보낼 때 사용되지요. 적외선은 모든 따뜻한 사물에서 만들어지고, 그다음으로는 가시광선이 자리해요. 그 밖에도 자외선(UV)과 엑스선, 그리고 에너지가 아주 높고 파장이 짧은 감마선이 있어요.

전자기 스펙트럼에는 에너지가 낮고 파장이 긴 복사선부터 에너지가 높고 파장이 짧은 복사선까지 배열되어 있어요. 우리 눈에 보이는 가시광선은 이 스펙트럼의 일부일 뿐이지요.

전자기 스펙트럼
1. 라디오파
2. 마이크로파
3. 적외선
4. 가시광선
5. 자외선
6. 엑스선
7. 감마선

우주의 복사선

지구에서 망원경으로 우주를 관찰하면 지구를 둘러싼 대기 때문에 우주의 모습이 왜곡돼 보여요. 그래서 별이 깜빡이는 것처럼 보이지요. 반면 우주에 설치된 망원경으로는 더 선명한 이미지를 관찰할 수 있지요. 이 망원경은 가시광선은 물론 다른 천체가 내뿜는 적외선, 엑스선, 감마선 같은 눈에 보이지 않는 복사선을 감지해요.

적외선 망원경은 보호판으로 태양 빛을 가로막고 차가운 기체로 망원경의 온도를 낮춰요. 그래서 우주의 차가운 먼지와 기체에서 나오는 약한 복사선을 관찰할 수 있지요.

알고 있나요? 라디오파는 전자기 스펙트럼 가운데 주파수가 가장 낮고 파장은 가장 긴데, 파장이 100킬로미터도 넘지요.

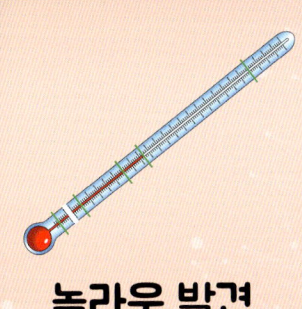

놀라운 발견

누가? 윌리엄 허셜
무엇을? 적외선
언제? 1800년

발견 이야기 천문학자 허셜은 프리즘을 통과한 빛의 온도를 색깔별로 측정해 붉은색 바깥 영역의 온도가 훨씬 더 높다는 사실을 알아냈어요. 덕분에 우리가 볼 수 없는 빛, 적외선이 있다는 것을 알게 됐지요.

태양에서 오는 복사선은 라디오파부터 감마선까지 전자기 스펙트럼 전체를 담고 있어요.

사람의 몸은 적외선의 형태로 열을 만들어 내보내요. 하지만 보호복을 입으면 열이 빠져나가지 않게 막을 수 있지요.

햇빛이 눈부시게 반사되는 곳에서는 선글라스나 고글을 써 눈에 해로운 사외선을 막아요.

83

보이지 않는 힘

우주에는 물질 사이에 작용하는 근본적인 힘이 4가지 있어요. 그 가운데 2가지는 먼 거리에서도 작용하는 중력과 전자기력이에요. 나머지는 원자핵 안의 입자처럼 아주 작은 규모에서 일어나는 핵력과 약력인데, 놀랍게도 중력이나 전자기력보다도 힘이 세지요.

양성자가 이 특별한 감지기 안에서 빛의 속도에 가깝게 움직여 충돌해요.

스위스에 있는 강입자 충돌기(LHC)는 전 세계에서 가장 강력한 입자 충돌기예요. 입자들을 빠른 속도로 충돌시켜 모든 물질이 결합하는 방식과 그것들을 통제하는 힘을 연구하는 데 쓰여요.

수많은 양성자들이 2개의 빔 안에서 반대 방향으로 발사돼요.

놀라운 발견

누가? 도모나가 신이치로, 줄리언 슈윙기, 리처드 파인만
무엇을? 양자 전기 역학
언제? 1947년~1950년
발견 이야기 세 물리학자들은 전자기 현상을 '게이지 보손'이라는 입자 사이에 일어나는 빠른 교환이라고 했는데, 이 입자는 물질 사이의 상호작용을 매개하는 전달자 역할을 하지요. 이 이론은 원자핵을 이루는 양자 단위에서 일어나는 전기 현상을 더욱 잘 설명해 줘요.

핵력과 약력

원자핵 같은 작은 차원에서 일어나는 힘에는 핵력(강한 상호 작용)과 약력(약한 상호 작용)이 있어요. 약력도 핵력에 비해 약할 뿐 실제로는 강한 힘이지요. 핵력은 중성자와 양성자를 이루는 아주 작은 입자인 쿼크가 떨어지지 않게 한데 묶어 두는 힘이에요. 반면 약력은 한 쿼크를 다른 종류의 쿼크로 바꿀 수 있는 힘이지요.

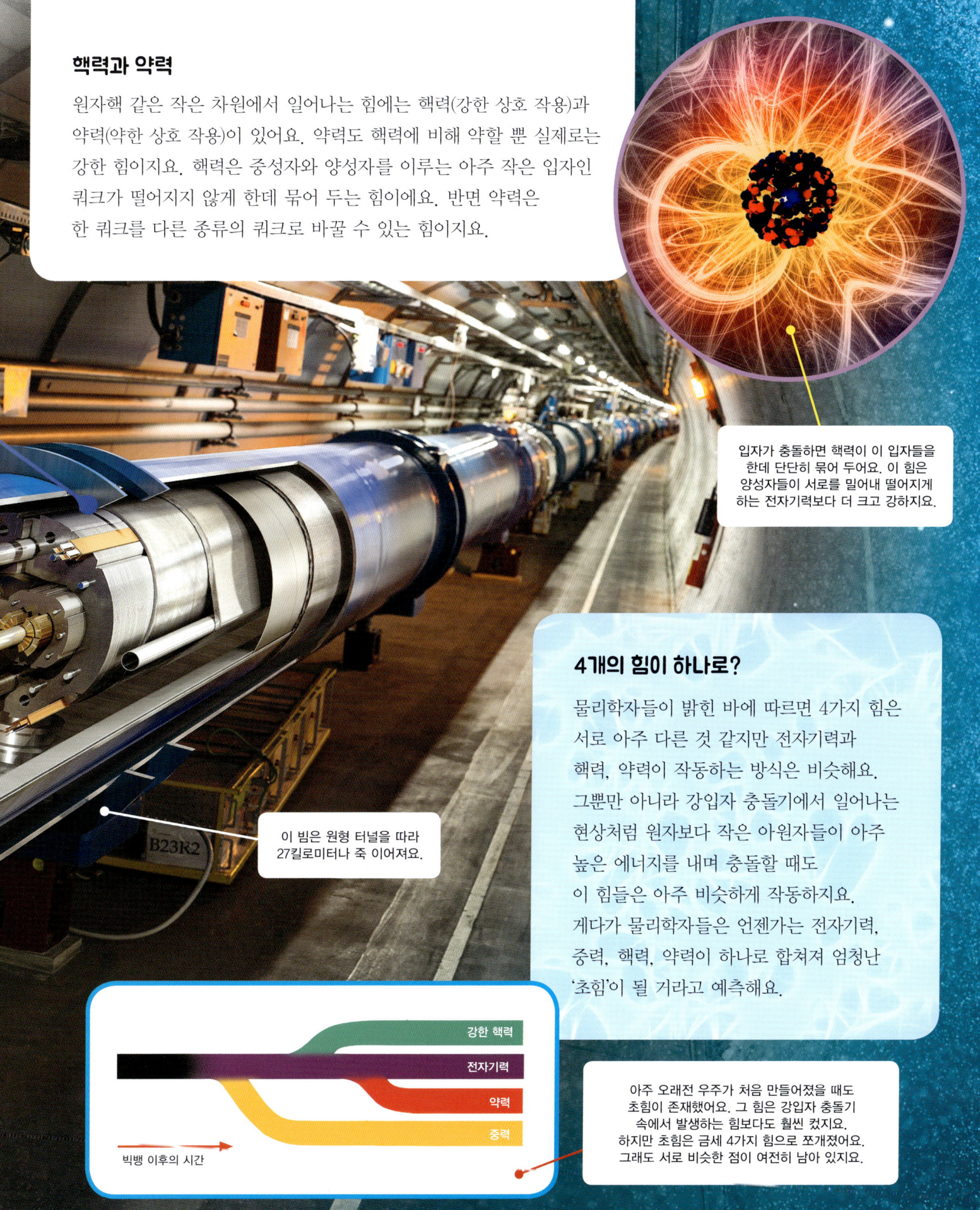

입자가 충돌하면 핵력이 이 입자들을 한데 단단히 묶어 두어요. 이 힘은 양성자들이 서로를 밀어내 떨어지게 하는 전자기력보다 더 크고 강하지요.

이 빔은 원형 터널을 따라 27킬로미터나 죽 이어져요.

4개의 힘이 하나로?

물리학자들이 밝힌 바에 따르면 4가지 힘은 서로 아주 다른 것 같지만 전자기력과 핵력, 약력이 작동하는 방식은 비슷해요. 그뿐만 아니라 강입자 충돌기에서 일어나는 현상처럼 원자보다 작은 아원자들이 아주 높은 에너지를 내며 충돌할 때도 이 힘들은 아주 비슷하게 작동하지요. 게다가 물리학자들은 언젠가는 전자기력, 중력, 핵력, 약력이 하나로 합쳐져 엄청난 '초힘'이 될 거라고 예측해요.

강한 핵력
전자기력
약력
중력

빅뱅 이후의 시간

아주 오래전 우주가 처음 만들어졌을 때도 초힘이 존재했어요. 그 힘은 강입자 충돌기 속에서 발생하는 힘보다도 훨씬 컸지요. 하지만 초힘은 금세 4가지 힘으로 쪼개졌어요. 그래도 서로 비슷한 점이 여전히 남아 있지요.

알고 있나요? 양성자는 강입자 충돌기 안에서 1초에 1만 1,000번을 돌아요. 양성자가 움직이는 거리는 지구와 해왕성을 왕복하는 거리에 맞먹지요.

아인슈타인이 본 우주

우리가 일상생활에서 마주치는 물리학은 뉴턴의 만유인력 법칙과 운동 법칙으로 대부분 설명할 수 있어요. 하지만 이 법칙들로도 설명할 수 없는 것들이 있지요. 1900년대 초반, 과학자 알베르트 아인슈타인은 '상대성'이라는 개념을 통해 우주가 실제로 어떻게 작동하는지 설명하려 했어요.

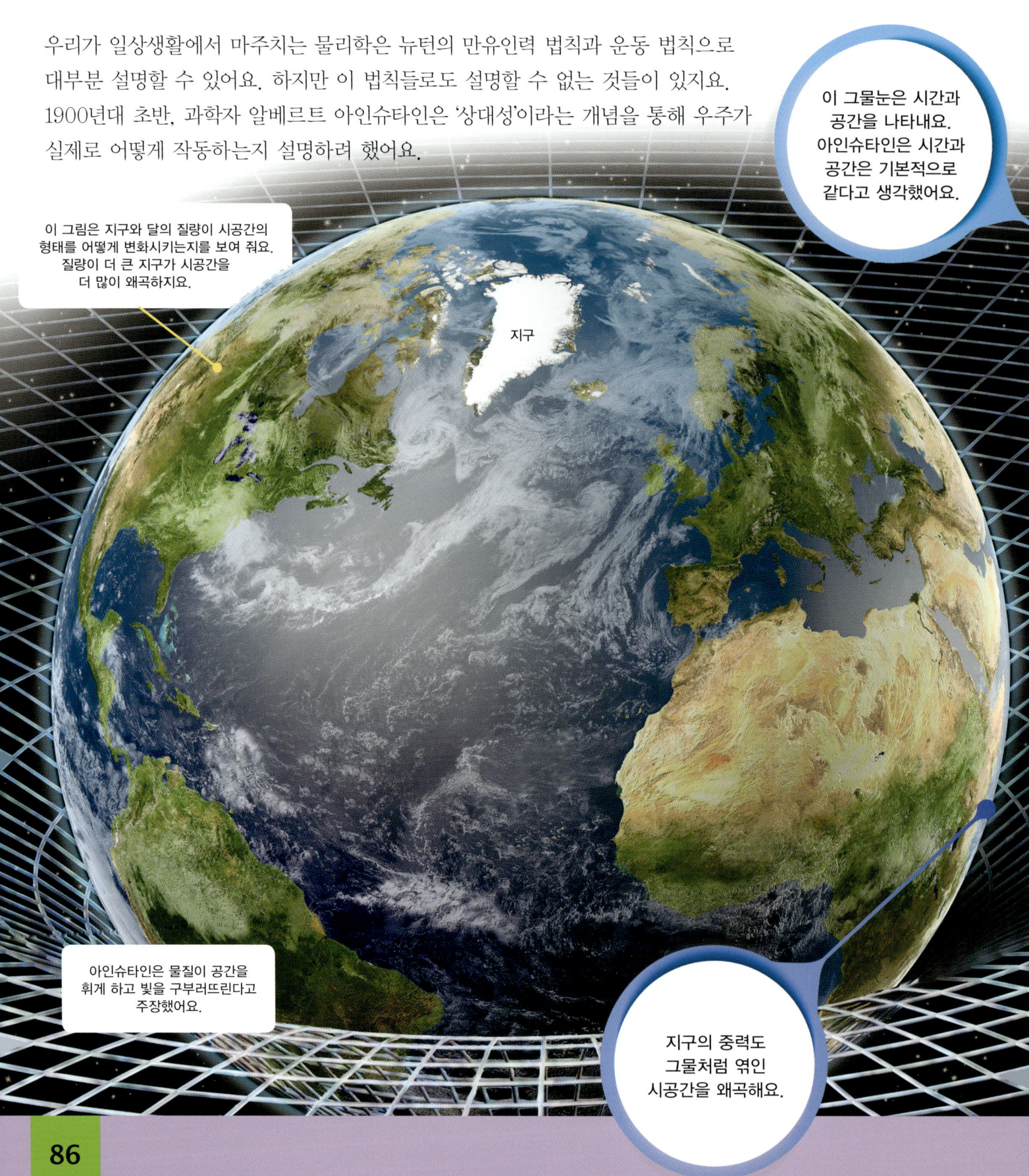

이 그물눈은 시간과 공간을 나타내요. 아인슈타인은 시간과 공간은 기본적으로 같다고 생각했어요.

이 그림은 지구와 달의 질량이 시공간의 형태를 어떻게 변화시키는지를 보여 줘요. 질량이 더 큰 지구가 시공간을 더 많이 왜곡하지요.

지구

아인슈타인은 물질이 공간을 휘게 하고 빛을 구부러뜨린다고 주장했어요.

지구의 중력도 그물처럼 엮인 시공간을 왜곡해요.

특수 상대성과 일반 상대성

아인슈타인의 특수 상대성 이론(1905년)은 빛의 속도에 가깝게 움직이는 물체에 적용되는 물리학 원리를 설명해요. 반면 일반 상대성 이론(1915년)은 엄청난 중력이 작용하는 상황에서 적용되는 물리학의 원리를 알려 주지요. 아인슈타인은 커다란 질량을 가진 천체가 공간의 구조를 뒤틀 수 있다고 주장했어요.

아인슈타인은 겨우 26세에 특수 상대성 이론을 발표했어요.

달

지구처럼 무거운 천체가 시공간을 왜곡하기 때문에 그보다 작은 달 같은 천체는 그 주위를 돌게 돼요.

상대성 이론을 뒷받침하는 증거

특수 상대성 이론과 일반 상대성 이론은 이미 수많은 실험으로 증명되었어요. 빠르게 움직이는 인공위성에 실린 시계는 특수 상대성 때문에 지구에 있는 시계보다 느리게 움직여요. 일반 상대성은 질량이 큰 천체 주위를 지나는 빛이 휘고 구부러지는 이유를 설명해 주지요.

먼 은하에서 나온 푸른빛은 주변 은하(노란색)를 지나면서 경로가 바뀌어요. 은하가 주변 공간을 구부러뜨리기 때문이지요. 그 결과 지구에 도달한 빛은 왜곡된 형태로 관찰돼요.

놀라운 발견

누가? 아서 에딩턴
무엇을? 중력 렌즈
언제? 1919년
발견 이야기 천문학자이자 물리학자인 에딩턴은 태양이 달에 가려 완전히 보이지 않는 개기 일식 때 빛이 태양의 중력에 휘어지는 중력 렌즈 현상을 발견해 아인슈타인의 일반 상대성 이론을 증명했어요.

알고 있나요? 우주 비행사가 국제 우주 정거장에서 6개월 동안 머물면 국제 우주 정거장의 궤도 속도 때문에 지구에 머물 때보다 약 0.007초만큼 나이를 덜 먹어요.

제5장 공학
단순한 도구와 기계

경사로, 쐐기, 지렛대, 바퀴, 차축, 나사, 도르래는 모두 인류가 고대부터 사용해 온 도구들이에요. 경사로와 쐐기는 너무 단순해 도구처럼 보이지 않을지도 모르지만요. 도구와 기계는 물리학 법칙을 이용해 일을 훨씬 쉽게 만들어 주지요.

일을 쉽게 하는 방법

물리적인 작업을 하려면 일을 해야 해요. 일은 어떤 물체에 힘을 가해서 움직이는 것을 말하지요. 특정한 작업에 필요한 일의 양은 언제나 같지만 도구나 기계를 쓰면 일이 쉬워져요. 도구와 기계가 우리가 사용한 힘의 양을 몇 배로 불리거나 힘이 작용하는 거리를 늘려 주기 때문이에요.

바퀴가 발명되기도 전에 영국에 있는 거대한 스톤헨지를 만든 사람들은 바퀴 역할을 하는 통나무 여러 개 위에 커다란 나무판자를 얹은 이런 도구로 엄청나게 큰 돌을 옮겼어요.

단순한 기계에서 복잡한 기계로

고대 발명가들은 단순한 기계를 움직일 동력을 얻기 위해 물, 파도, 바람 같은 자연의 힘을 이용했어요. 이보다 복잡한 근대적인 기계는 산업 혁명 때부터 만들어졌는데, 1712년에 토머스 뉴커먼이 발명한 증기 기관이 최초의 근대 기계이지요. 증기 기관은 압축되거나 팽창한 증기의 힘으로 기계를 움직여요.

증기로 기계를 움직여 천을 염색하는 방직 공장의 모습이 담긴 1834년 삽화예요. 증기 기관은 1900년대 초까지 널리 쓰였고, 이후로는 전기가 증기를 대신했지요.

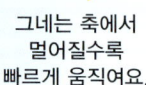

그네는 축에서 멀어질수록 빠르게 움직여요.

그네가 바퀴 모양의 지붕에 달려 있어요. 한가운데에 있는 축에 힘이 가해지면 지붕이 돌지요.

지붕을 움직이려면 축이 꼭 필요해요. 축은 물체의 한가운데에 있는 막대나 원통으로, 힘을 가해 축을 빙글빙글 돌리면 지붕이 축과 함께 돌아 놀이 기구도 빙그르르 돌아가게 돼요.

먼저 모터가 축을 움직여요. 이때 지붕이 함께 돌며 그리는 원은 축이 돌아가는 원보다 훨씬 크지요.

놀라운 발견

누가? 아르키메데스
무엇을? 무기
언제? 기원전 213년
발견 이야기 기원전 213년, 고대 그리스의 수학자인 아르키메데스는 고대 로마의 배가 침입할 것에 대비해 도르래, 크레인, 투석기를 응용한 새로운 무기를 만들었어요. 또 이 기계들이 작동하는 원리도 최초로 설명했지요.

알고 있나요? 도끼의 쐐기 모양 날도 간단한 도구예요. 두꺼운 면에 가해지는 힘이 도끼 앞에 달린 큼직한 날의 얇은 면에 모여 큰 압력을 만들어 무언가를 자를 수 있지요.

엔진, 모터, 발전기

엔진은 열이나 전기 같은 에너지를 실제로 일을 할 수 있는 다른 형태의 운동 에너지로 바꾸는 기계예요. 증기·석유·디젤 엔진은 연료를 태워서, 전기 모터는 전기와 자기로 운동 에너지를 만들어 내지요.

전기 모터

전기 모터는 전류가 흐르면 자기를 띠는 전자석과 그 자체로 자기를 띠는 영구 자석을 이용해 만들어요. 자석을 붙인 원통 안에 코일로 감싼 전자석을 넣는데, 이때 코일에 교류 전기를 흘려 보내면 자기장이 변하면서 원통에 붙은 자석이 전자석을 밀어내고, 전자석이 빙글빙글 돌며 운동 에너지를 만들지요.

경주 자동차 같은 고성능 탈것에는 날개 모양의 안정 장치가 달려 있어요. 이 장치는 아래로 향하는 힘을 만들어 달리는 자동차가 땅에 더 가까워지게 눌러 주지요.

경주 자동차 안에는 아주 튼튼한 강철로 만든 안전 장치가 설치되어 있어요. 자동차가 사고가 나면 이 장치가 운전자를 보호해 주지요.

모터를 같은 방향으로 계속 돌리려면 모터에 감긴 코일에 흐르는 전류의 방향이 끊임없이 바뀌어야 해요.

90

놀라운 발견

누가? 아니오스 예들리크
무엇을? 전기 모터
언제? 1824년
발견 이야기 헝가리의 과학자 예들리크는 코일을 감은 전자석에 교류 전기를 흘려 보내면 전자석이 빙글빙글 돈다는 사실에 착안해 전기로 움직이는 모터를 처음으로 고안해 냈어요.

발전기의 터빈

터빈은 전기를 만들어 내는 가장 흔한 도구 가운데 하나예요. 전기 모터와는 정반대로 작동하는데, 운동 에너지가 자기장 안에 있는 코일에 전기가 흐르게 하지요. 팽창된 증기, 댐에서 떨어지는 물, 파도, 바람 같은 운동 에너지가 모두 터빈을 통해 전기 에너지로 바뀌어요.

재생 가능한 친환경 에너지를 만드는 풍력 발전기 터빈의 안쪽 모습이에요. 바람이 터빈의 날을 돌리는 운동 에너지로 전기를 만들어요.

연소 엔진은 연료를 태워서 나오는 화학 에너지를 기계를 작동시키는 운동 에너지로 바꿔요.

자동차 엔진은 대부분 전기 불꽃으로 가솔린 연료를 태우거나 압축된 뜨거운 공기로 디젤 연료를 태워 작동해요.

알고 있나요? 2011년에 분자 1개로 세상에서 가장 작은 전기 모터가 만들어졌는데, 그 크기가 사람 머리카락 폭의 6만분의 1밖에 되지 않아요.

전자 공학

우리가 매일 사용하는 텔레비전과 스마트폰, 게임기, 노트북 컴퓨터, 전자책 단말기는 모두 전자 공학 기술로 만들어져요. 세탁기나 식기세척기 같은 전자 제품 역시 마찬가지지요. 전자 제품은 전류 속에 흐르는 전자를 조종하고 조절해 작동하는데, 전류로 신호나 정보를 표시하기도 해요.

전자 부품

최초의 전자 제품은 약한 전류를 기계가 작동할 정도로 강하게 만드는 증폭기였어요. 이 증폭기는 밸브와 비슷하게 작동해 전류가 한쪽 방향으로만 흐르게 하지요. 라디오와 컴퓨터도 똑같은 기술로 작동해요. 다만 밸브 역할을 하는 다이오드나 삼극관이 반도체로 만들어져 놀라울 만큼 작지요.

CD 플레이어는 렌즈로 음악 정보가 새겨진 CD의 반사면에 강한 레이저를 쏴 음악을 재생해요.

CD 표면에 점이나 짧은 선으로 된 조그만 홈들이 빼곡 새겨져 있어요. 이 홈들이 게임이나 음악, 사진 같은 디지털 정보를 나타내요.

이 얇은 실리콘 판에 다른 부품을 더해 반도체를 만들어요. 반도체는 전류가 한쪽 방향으로만 흐르게 하지요.

놀라운 발견

누가? 존 플레밍, 윌리엄 쇼클리
무엇을? 이극 진공관과 트랜지스터
언제? 1883년, 1947년
발견 이야기 1883년, 플레밍은 백열전구처럼 생긴 '이극 진공관'이라는 장치를 발명했어요. 약한 전류를 받아 한 방향으로 흐르는 강한 전류를 만들어 내는 기계였지요. 그 후 1947년에 쇼클리는 반도체를 이용해 이극 진공관과 같은 역할을 하는 작은 트랜지스터를 만들었어요.

알고 있나요? 8비트로 된 문자열은 0에서 255까지의 숫자를 나타낼 수 있어요. 64비트로는 9,223,372,036,854,775,807까지의 숫자를 나타낼 수 있지요.

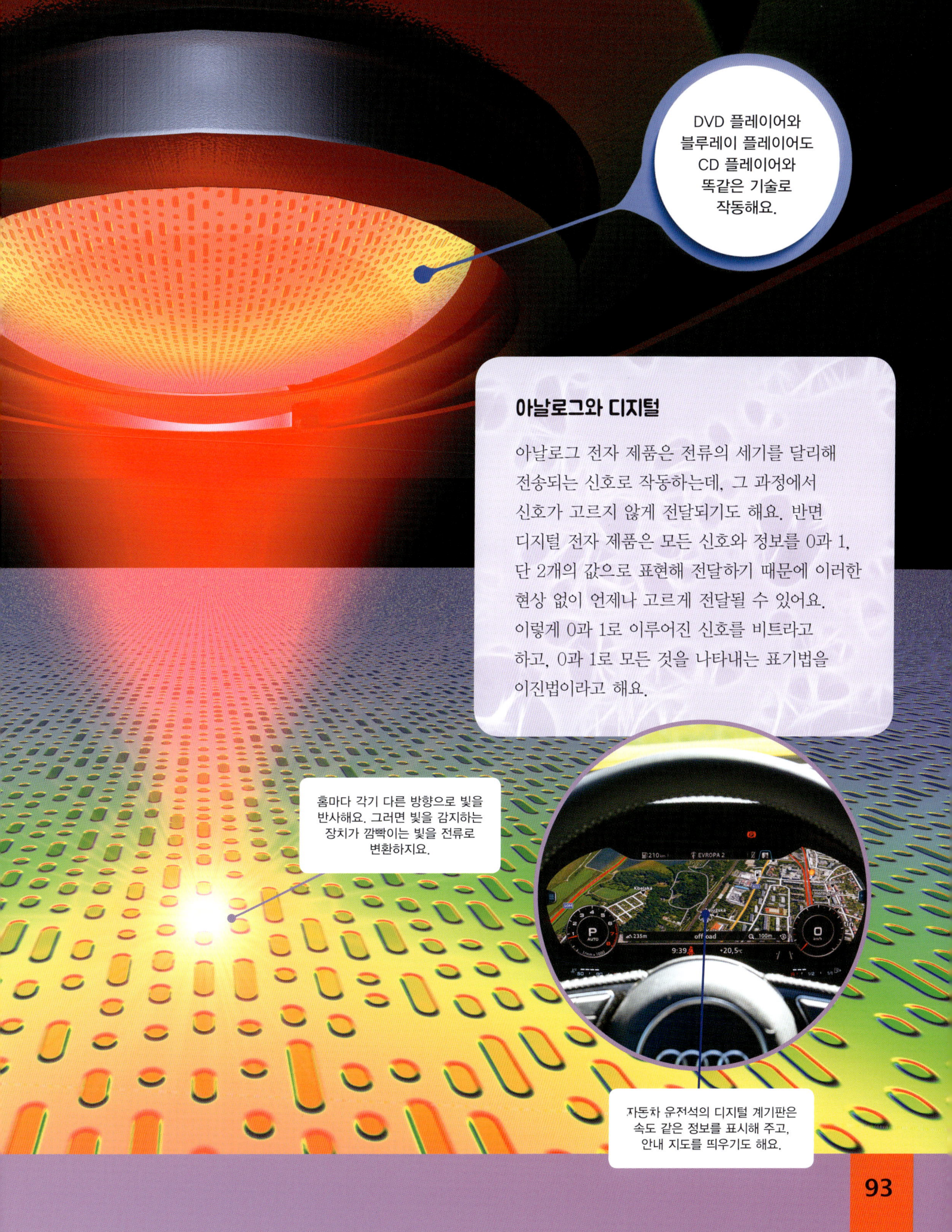

DVD 플레이어와 블루레이 플레이어도 CD 플레이어와 똑같은 기술로 작동해요.

아날로그와 디지털

아날로그 전자 제품은 전류의 세기를 달리해 전송되는 신호로 작동하는데, 그 과정에서 신호가 고르지 않게 전달되기도 해요. 반면 디지털 전자 제품은 모든 신호와 정보를 0과 1, 단 2개의 값으로 표현해 전달하기 때문에 이러한 현상 없이 언제나 고르게 전달될 수 있어요. 이렇게 0과 1로 이루어진 신호를 비트라고 하고, 0과 1로 모든 것을 나타내는 표기법을 이진법이라고 해요.

홈마다 각기 다른 방향으로 빛을 반사해요. 그러면 빛을 감지하는 장치가 깜빡이는 빛을 전류로 변환하지요.

자동차 운전석의 디지털 계기판은 속도 같은 정보를 표시해 주고, 안내 지도를 띄우기도 해요.

컴퓨터

컴퓨터는 기본적으로는 단순한 계산을 아주 빠르게 처리하는 장치예요. 아무리 큰 숫자라도 빨리 계산하고, 숫자들 사이에서 반복되는 패턴을 인식하지요. 이제는 기본적인 수학적 기능에 영리한 설계와 프로그래밍 기능을 더해 오랜 시간이 걸리는 복잡하고 다양한 문제를 해결하는 기계가 되었어요.

컴퓨터의 뇌

컴퓨터의 중앙 처리 장치(CPU)는 메모리(기억 장치)에 저장된 정보를 읽고 계산한 다음 결과를 다른 곳에 기록해요. '논리 게이트'라는 장치 덕분에 0과 1로 된 이진법으로 계산을 하고 판단을 내리지요.

> 컴퓨터는 게임을 하는 재미있는 기계이기도 하고 어렵고 반복적인 작업을 쉽게 만들어 주는 유용한 기계이기도 해요.

> 1945년에 만들어진 에니악은 세계 최초의 디지털 컴퓨터였어요. 방 하나를 가득 채울 만큼 크기가 컸고, 1초에 명령 5,000가지를 처리할 수 있었지요.

놀라운 발견

누가? 찰스 배비지, 에이다 러브레이스
무엇을? 해석 기관
언제? 1837년~1843년
발견 이야기 전자 제품이 나오기 훨씬 이전인 1837년, 영국 발명가 배비지는 황동 바퀴를 이용한 계산기를 설계했어요. 1843년에는 수학자 러브레이스가 이 기계를 실행하는 명령어를 고안해 발표했지요. 그래서 러브레이스를 최초의 프로그래머라고도 해요. 하지만 이 장치는 실제로 만들어지지 못했어요.

알고 있나요? 2017년에 발매된 스마트폰 아이폰 X는 1초에 명령 6,000억 개를 처리할 수 있어요.

컴퓨터 메모리의 종류

컴퓨터는 빠르게 접근해야 할 중요하고 기본적인 정보를 메모리에 저장해요. 기본적인 처리 명령은 읽기만 가능한 롬에 영구적으로 기록되어 있지요. 반면 응용 프로그램이나 사용자의 파일처럼 언제나 필요하지는 않은 데이터는 속도가 느린 하드 디스크에 저장하고, 사용할 때만 이보다 빠른 램으로 옮겨 두어요.

컴퓨터의 머더보드에는 중앙 처리 장치, 롬과 램, 하드 디스크 드라이브 같은 다양한 부품들이 하나로 연결되어 있어요.

컴퓨터에는 디지털 파일을 소리로 바꾸는 특별한 회로도 있어요.

GPU라는 특별한 그래픽 처리 장치가 화면 위에 생생하게 움직이는 이미지를 표현해 내요.

사용자는 마우스로 화면 위 항목들을 가리키고 조작해요.

디지털로 연결된 세상

컴퓨터, 인터넷, 스마트폰 같은 현대 기술은 엄청나게 먼 거리에서 소통할 수 있는 기술과 기계 덕분에 발전해 왔어요. 우리는 전선, 케이블, 대기로 쏘아 올리는 라디오파로 신호를 주고받으며 이들의 촘촘한 네트워크로 언제나 서로 연결되어 있어요.

통신 위성 힐라스-1은 자전하는 지구를 따라 지구 주위를 돌아요. 이 위성은 적도에서 약 3만 5,800킬로미터 위에 떠 있지요.

신호를 전송하는 방법

신호를 전송하는 아날로그 방식은 2가지예요. 먼저 전류의 세기를 조절하거나 변화시켜 신호를 보낼 수 있어요. 또는 라디오파의 형태를 바꿔 보낼 수도 있지요. 어떤 방식이든 수신기가 신호를 받아 패턴을 해독해야 해요. 하지만 오늘날에는 신호 대부분이 정보를 이진법으로 변환해 주고받는 디지털 방식으로 전송되지요.

힐라스-1

힐라스-1 같은 위성들은 태양열을 전기로 바꾸어 동력으로 삼아요.

중계기는 수많은 전화 신호를 동시에 송출해요. 아날로그 방식으로 송출된다면 신호들이 뒤섞여 혼선이 일어나기도 하겠지만 지금은 모든 신호가 디지털 방식으로 송출돼요.

접시 모양의 안테나가 지구에서 온 신호를 받고 지구로 신호를 보내요.

펄스 빛

예전에는 정보를 전기 신호로 바꿔 케이블로 전송했어요. 하지만 오늘날에는 정보를 레이저 광선을 활용한 펄스 빛의 형태로 바꿔 유리 광섬유로 보내지요. 펄스 빛은 전기 신호보다 더 먼 거리까지 신호의 세기가 일정하게 유지되기 때문에 쉽게 사라지거나 작아지지 않아요. 하지만 광섬유 네트워크에도 신호의 세기를 증폭시키는 중계기는 설치되어 있지요.

통신 위성은 지구의 한 장소에서 오는 라디오파를 받아 다른 장소로 쏘아 보내요.

광섬유는 얇고 잘 구부러지는 유리 섬유예요. 레이저 광선에 담긴 펄스 빛 형태의 정보를 실어 나르지요.

놀라운 발견

누가? 헤디 라마, 조지 앤타일
무엇을? 주파수 도약 시스템
언제? 1941년
발견 이야기 할리우드 배우 라머와 작곡가 앤타일은 정보를 무선 신호로 암호화하는 '주파수 도약 시스템'을 발명했어요. 이것이 블루투스와 와이파이 같은 현대 무선 시스템의 기초가 되었지요.

알고 있나요? 펄스 빛 형태의 신호는 중계기로 증폭되지 않아도 광섬유를 따라 1만 킬로미터 넘게 전송돼요.

비행기

인류는 언제나 하늘을 날고 싶어 했어요. 그러다가 1780년대에 프랑스의 몽골피에 형제가 뜨거운 공기를 채운 열기구를 발명해 처음으로 하늘을 날았지요. 동력으로 움직이고 방향을 조종할 수 있는 비행기는 20세기가 되어서야 발명되었어요.

새처럼 날기

동력으로 움직이는 비행기에는 새와 비슷한 날개가 달려 있어요. 이 날개가 비행기를 위로 들어 올리는 힘인 양력을 만들어 내지요. 날개 모양 때문에 날개 위와 아래의 기압이 달라지고 이 기압 차이가 비행기를 위로 밀어 올리는 거예요. 하지만 비행기는 새처럼 날개를 퍼덕이지 못하기 때문에 하늘에 계속 떠 있으려면 아주 빠른 속도로 공기를 가르며 날아야 하지요.

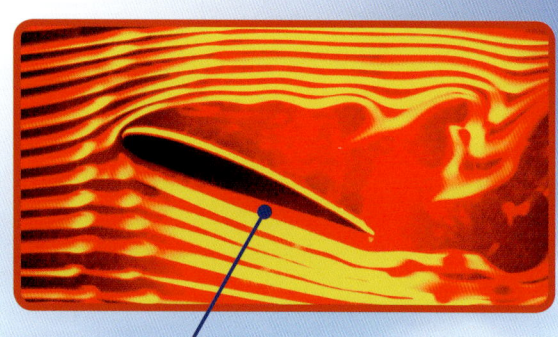

빠른 기류가 비행기 날개에 어떤 영향을 주는지를 실험한 사진을 보면 뜨거운 공기가 날개 위쪽으로 빠르게 흐르고 있어요. 날개의 모양과 각도를 조정하면 비행기를 들어 올리는 힘도 달라져요.

점점 위로 그리고 멀리

헬리콥터는 위쪽에 달린 회전 날개를 회전시켜 양력을 만들어 내요. 꼬리 쪽에 달린 회전 날개도 빠르게 돌아가 헬리콥터 옆으로 작용하는 힘을 만들어 내지요. 그래야 위쪽의 큰 회전 날개가 헬리콥터를 위로 들어 올리는 사이 헬리콥터 동체가 이 날개를 따라 빙글빙글 돌지 않거든요.

헬리콥터는 수직으로 떠오르고 내려앉을 수 있어요. 조종사가 회전 날개의 각도를 조종해 양력의 크기를 바꿀 수도 있지요. 또 회전 날개 전체를 기울여 헬리콥터가 앞으로 나아가게 할 수도 있어요.

비행기의 몸통인 동체는 금속 합금과 여러 소재들로 만들어져서 튼튼하고 가벼워요.

총알 모양의 비행기 앞쪽은 공기의 저항을 줄여 줘 비행기가 빠른 속도로 공기를 가르며 날 수 있게 해 줘요.

제트 엔진은 날을 돌려서 공기를 빨아들인 뒤 연료와 함께 태워요. 그러면 엔진에서 뜨거운 가스가 빠른 속도로 뿜어져 나와 비행기를 앞으로 밀어내지요.

날개 위쪽 덮개를 움직여 날개 모양을 바꾸면 양력을 조절해 비행기를 원하는 만큼 띄울 수 있어요.

놀라운 발견

누가? 라이트 형제
무엇을? 비행기 조종 장치
언제? 1903년
발견 이야기 미국의 라이트 형제는 비행기의 날개 모형과 이를 조종하는 장치를 발명했어요. 그리고 1903년에 처음으로 동력 비행기를 조종해 하늘을 나는 데 성공했지요.

알고 있나요? 러시아의 안토노프 An-255는 세계에서 가장 커다란 비행기예요. 날개 길이가 88.4미터나 되고 화물 250톤을 나를 수 있지요.

스마트 소재

어떤 물질들은 온도, 빛, 압력, 전기, 자기장 같은 주변 환경에 따라 변하는 성질 때문에 쓸모 있게 쓰여요. 이런 소재들은 이미 다양한 곳에 쓰이고 있고 앞으로 더 많아질 거예요.

모양을 기억하는 소재

가장 놀라운 소재 가운데 하나는 모양을 기억하는 합금과 플라스틱이에요. 모양이 찌그러지거나 바뀌어도 열을 가하거나 물에 적시면 원래 상태로 되돌아온다니 정말 신기하지요!

티타늄과 금속으로 만들어진 이 안경은 구부러져도 원래 모양으로 돌아오기 때문에 쉽게 망가지지 않아요.

미국 우주 항공국의 과학자들은 스마트 소재로 기압의 변화를 감지하는 비행기 날개를 만들 계획이에요. 그러면 비행기는 기압의 변화에 맞게 비행 조건을 스스로 조종할 수 있지요.

놀라운 발견

누가? 윌리엄 뷸러
무엇을? 니티놀(형상 기억 합금의 한 종류)
언제? 1962년
발견 이야기 미국 해군 연구실의 연구원이었던 뷸러는 니켈과 티타늄의 혼합물인 니티놀을 만들었어요. 하지만 이 합금이 모양을 기억하는 성질을 지닌다는 사실은 우연히 알게 되었지요. 아코디언처럼 접힌 합금 아래에 라이터를 가져다 대자 합금이 원래의 모습으로 천천히 되돌아왔거든요!

알고 있나요? 니티놀을 원하는 모양으로 만들어 500도로 가열했다가 빠르게 식히면 그 모양을 기억해요. 다른 모양을 띠고 있더라도 열을 받으면 원래 모양으로 돌아가지요.

스마트 발전

빛 에너지를 전기 에너지로 바꾸는 태양 전지에 들어가는 반도체는 인류가 지금껏 만든 가장 똑똑한 소재 가운데 하나예요. 반도체를 이루는 원자가 햇빛을 쐬면 전자를 잃게 되고 이 전자가 전류를 흐르게 해요. 태양 전지는 실리콘 반도체를 쓰는 것과 화합물 반도체를 쓰는 것으로 나뉘지요.

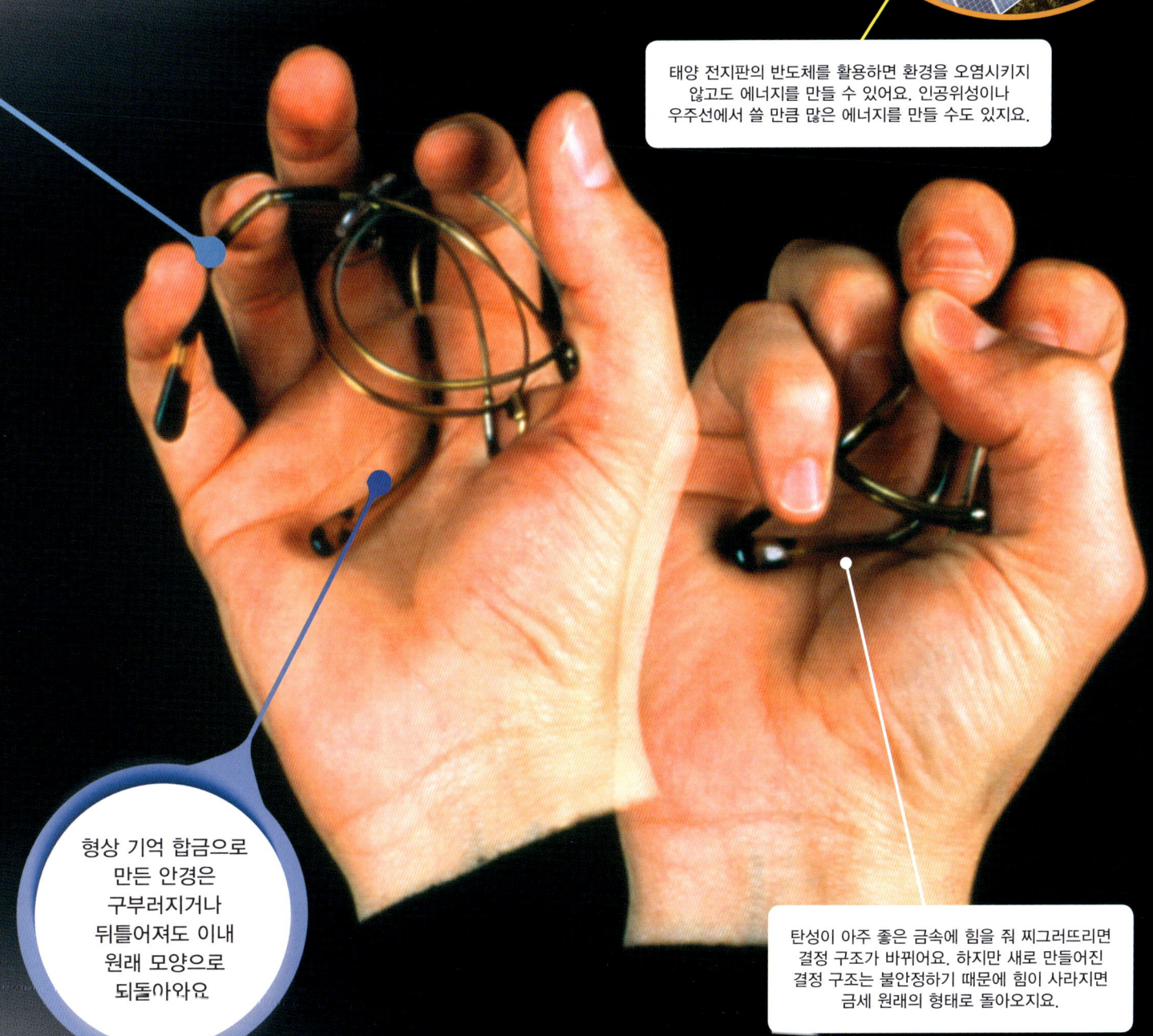

태양 전지판의 반도체를 활용하면 환경을 오염시키지 않고도 에너지를 만들 수 있어요. 인공위성이나 우주선에서 쓸 만큼 많은 에너지를 만들 수도 있지요.

형상 기억 합금으로 만든 안경은 구부러지거나 뒤틀어져도 이내 원래 모양으로 되돌아와요

탄성이 아주 좋은 금속에 힘을 줘 찌그러뜨리면 결정 구조가 바뀌어요. 하지만 새로 만들어진 결정 구조는 불안정하기 때문에 힘이 사라지면 금세 원래의 형태로 돌아오지요.

핵에너지

원자는 아주 작지만 원자핵 안에서 작동하는 힘은 엄청나게 커요. 원자력 발전소는 이 힘을 이용해 전기를 만들어 내지요. 이때 무겁고 불안정한 원자는 핵분열을 통해 많은 에너지를 뿜어내며 쪼개져 작고 안정적으로 바뀌어요.

핵분열

우라늄 같은 원소는 자연에서는 불안정해 에너지를 내보내며 작게 쪼개지는데, 이런 성질이 방사능, 이 현상이 핵분열이에요. 원자력 발전소는 연쇄적인 핵분열을 일부러 일으켜 에너지를 만들어 내요. 핵분열은 곧바로 다른 핵분열로 이어지고, 이렇게 발생하는 에너지는 기하급수적으로 커져요.

미국 로런스 리버모어 국립 연구소 안에 있는 국립 점화 시설에는 전 세계에서 가장 크고 강력한 레이저 장비가 있어요. 값싼 전기를 무한으로 만들기 위해 태양 내부에서 일어나는 핵융합을 그대로 모방해 내는 연구를 계속하고 있지요.

원자력 발전소에서는 핵반응으로 발생하는 에너지를 이용해 물을 수증기로 데워요. 이 수증기가 터빈을 가동시켜 전기를 만들어 낸 뒤 거대한 냉각기를 통해 식은 다음 발전소 밖 바다로 빠져나가지요.

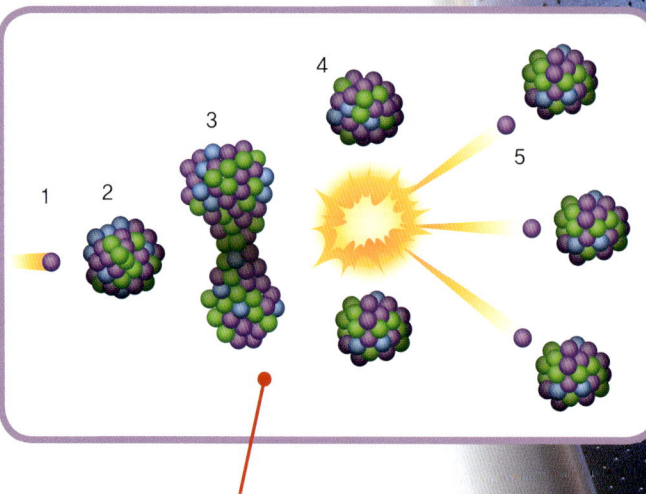

핵분열이 일어나면 (1) 중성자 하나가 (2) 불안정한 원자 하나에 부딪혀 (3) 그 원자를 쪼개요. 그 결과 (4) 더 작은 핵들이 만들어지고 (5) 중성자가 더 많이 나오지요. 이런 반응이 반복해서 이어져 연쇄 핵반응이 돼요.

미래의 핵융합

핵융합은 무거운 핵을 쪼개는 대신 가벼운 핵을 합치면서 엄청난 에너지를 방출해요. 핵분열과 달리 핵융합에는 희귀하고 무거운 원소들이 쓰이지 않고 방사능 오염 같은 무서운 일도 거의 일어나지 않지요. 그래서 에너지를 깨끗하고 값싸게 만들어 내는 방법처럼 보이기도 해요. 하지만 핵융합은 태양 중심에 맞먹는 아주 높은 온도에서만 일어나기 때문에 많은 연구가 필요해요.

수소 연료인 펠릿에 레이저 광선을 쏘면 펠릿이 압축돼 타오르면서 핵융합이 일어나는 온도까지 올라가요.

이곳은 한번 시작되면 저절로 이어지는 핵융합을 시작하려고 연구 중이에요. 지금까지는 단 한 번도 성공하지 못했지요.

놀라운 발견

누가? 리제 마이트너, 오토 한
무엇을? 핵분열
언제? 1938년
발견 이야기 마이트너와 한은 우라늄 원자가 더 작은 중성자 입자와 충돌하면 원자핵이 붕괴되면서 엄청난 에너지를 내보낸다는 사실을 발견했어요. 이때 우라늄에서 나오는 중성자가 또 다른 핵분열로 이어져 연쇄 핵반응이 일어나요.

알고 있나요? 핵분열은 원자 번호는 같지만 질량수가 다른 '동위 원소'를 이용해요. 우라늄 235 동위 원소는 같은 양의 석탄보다 370만 배나 큰 에너지를 내뿜지요.

나노 기술

원자가 모여 만들어진 기계가 분자 수준에서 스스로를 복제하고 물건을 조립하며 심지어는 우리 몸을 고치고 질병과 싸우는 모습을 상상할 수 있나요? 바로 이런 상상을 토대로 나노 기술이 발전하고 있어요. 아직 이 상상이 모두 실현되지는 못했지만 나노 기술은 이미 일상생활에 영향을 끼치고 있지요.

아주 작은 규모의 기술

나노 기술은 10억분의 1미터인 1나노미터나 그보다 작은 크기의 물질로 우리 생활에 유용한 소재나 부품 같은 것을 만드는 과학 기술이에요. 스스로 닦이는 유리, 때가 타지 않는 페인트와 스프레이, 물을 정화하고 바이러스를 거르는 아주 고운 필터가 모두 나노 소재로 만들어지지요.

탄소 나노 튜브는 터치스크린 장비, 태블릿, 아주 강력한 방탄조끼를 만드는 데 쓰여요.

원자 조립하기

나노 공학자들은 원자 하나하나로 구조물을 만들어 내요. 원자 힘 현미경으로 한 물질 안에 있는 원자들을 따로 볼 수도 있고, 원자를 들어 올려 움직일 수도 있지요! 이 기술이 더욱 발전하면 언젠가는 원자로 된 복잡한 컴퓨터도 만들 수 있을 거예요.

주사 터널링 현미경은 원자 하나하나의 위치를 파악하고 원자로 구조물을 만드는 가장 좋은 도구예요.

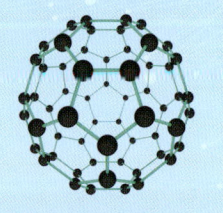

놀라운 발견

누가? 리처드 스몰리, 로버트 컬, 해럴드 크로토
무엇을? 풀러렌
언제? 1985년
발견 이야기 세 과학자가 이끈 화학 연구팀은 공 모양의 탄소 분자를 발견해 '풀러렌'이라고 이름 붙였어요. 이 발견을 계기로 풀러렌 탄소 분자로 강한 고리와 튜브를 만드는 나노 기술이 발전하게 되었지요.

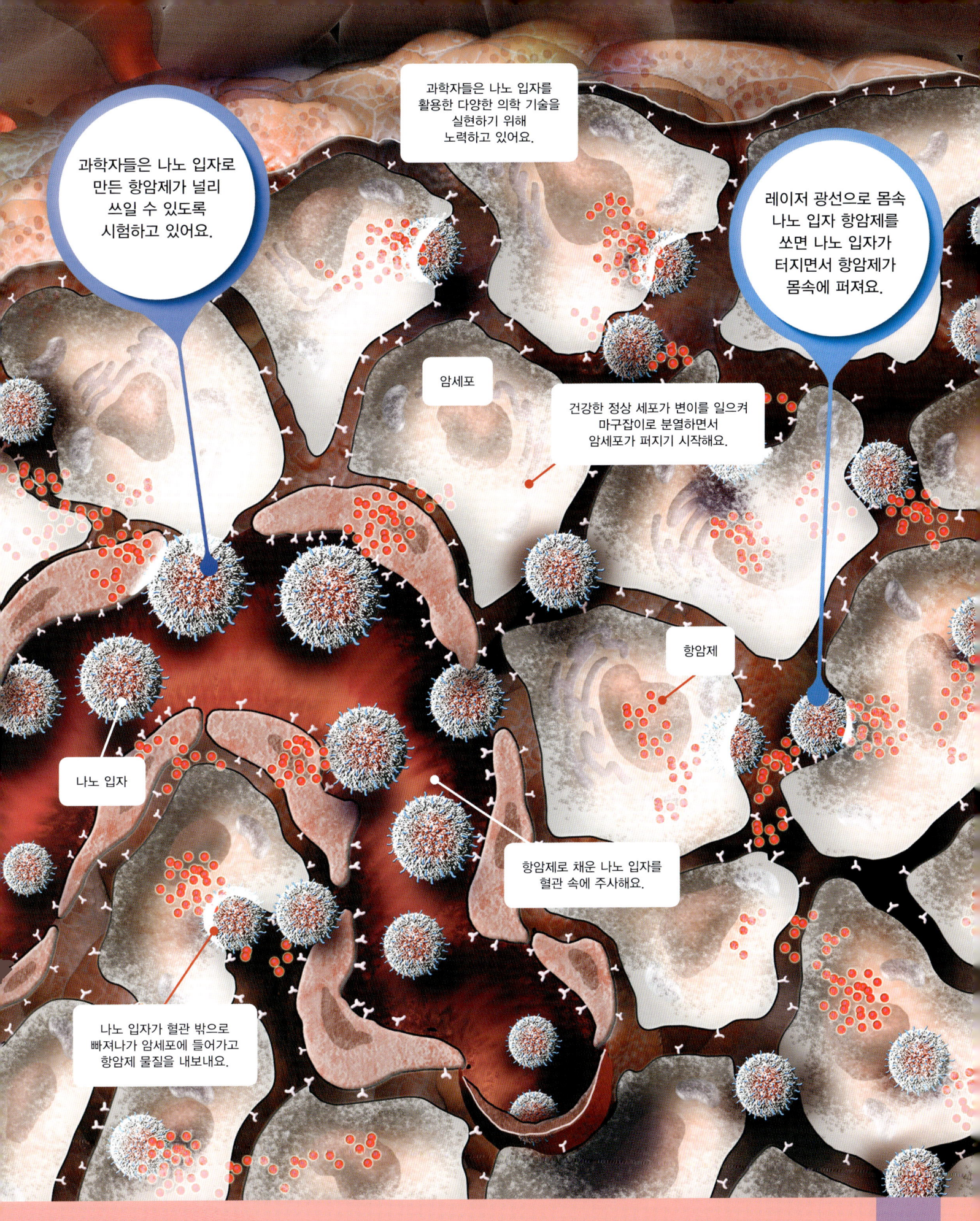

알고 있나요? 나노 공학자들은 도마뱀붙이의 발에 난 미세한 털을 보고 '게코 테이프'를 개발했어요. 분자 사이의 힘을 이용해 어떤 곳에든 달라붙는 테이프지요.

유전 공학

유전 공학으로 동식물에서 인간에 이르는 생물의 유전자를 바꾸거나 더할 수 있어요. 특정 유전자를 실어 나르는 DNA 분자를 골라낼 수 있다면 유전병 같은 질병을 예방할 수 있지요. 하지만 유전 공학에는 윤리적인 질문과 문제가 뒤따르기 마련이에요. 특정한 목적을 가지고 유전 공학으로 인간을 복제한다면 어떻게 될까요? 그렇게 만들어 낸 복제 인간을 우리는 어떻게 대해야 할까요?

작물에 해충이나 가뭄에 강한 유전자를 심어 작물을 개량해요.

유전 공학의 활용

실험실에서 수정시킨 수정란에 질병을 일으키는 유전자가 있는지 확인하고 질병 유전자가 없는 수정란을 여성의 자궁에 착상시키면 유전병이 없는 아기를 낳을 수 있어요. 단순히 유전자를 골라내 대물림되는 유전병을 피하는 방법이지요. 반면 유전자 편집은 문제가 있는 유전자를 실어 나르는 특정 DNA 가닥 일부를 건강한 가닥으로 바꾸는 더 복잡한 기술이에요.

유전자 편집을 하려면 화학적 '가위'가 필요해요. 세포에 들어가서 문제가 있는 DNA를 다른 것으로 바꿔야 하기 때문이지요. DNA 가닥은 한번 편집되고 나면 세포가 복제될 때마다 같이 복제돼요.

유전자 복제

클론은 한 생물 개체와 동일한 유전자를 가진 또 다른 개체예요. 난자의 핵을 기증자에게 받은 핵으로 대체하면 기증자와 완전히 똑같은 유전자를 지닌 클론을 만들 수 있지요. 이때 난자에 심긴 기증자의 세포핵이 분열하고 스스로를 복제해 줄기세포를 만드는데, 줄기세포는 몸의 어떤 조직으로든 자라나 신체 기관을 고치거나 만들 수 있어요.

돌리는 유전자가 복제된 최초의 포유동물이자 양으로 유명해졌어요. 돌리와 함께 있는 사람이 돌리를 복제해 낸 이언 월멋이에요.

어떤 나라들은 유전자 변형 작물을 심어 재배하고 식품으로 가공해 소비하지 못하게 금지하고 있어요. 또 수입도 막고 있지요. 유전자 변형 작물과 식품이 안전한지 아닌지 아직 명확하게 밝혀지지 않았기 때문이에요.

유전 공학자들은 유전자 변형 작물이 다른 보통의 작물과 교배하지 않게 잘 살펴요. 하지만 작물의 교배를 인위적으로 막는 건 쉽지 않지요.

놀라운 발견

누가? 이언 월멋, 키스 캠벨이 속한 로즐린 연구소
무엇을? 동물 복제
언제? 1996년
발견 이야기 월멋, 캠벨과 연구자들은 핀 도르셋이라는 양의 세포핵을 얼굴이 검은 스코틀랜드 양의 난자 세포에 주입한 뒤 얼굴이 검은 또 다른 암컷 양에게 이식해 복제 양 돌리를 만들어 냈어요.

알고 있나요? 2012년에 미국 유타의 과학자들은 유전자 변형 기술을 이용해 아주 튼튼한 거미줄과 같은 단백질 성분의 젖이 나오는 염소를 만들었어요.

제6장 지구와 우주

지구의 안쪽

우리 지구는 폭이 1만 2,742킬로미터에 이르는 거대하고 둥근 암석 덩어리예요. 암석이라 단단하기만 할 것 같지만 지각 아래에 자리한 맨틀이라는 두꺼운 층에는 반쯤 녹은 암석과 고체로 된 암석이 섞여 있지요.

겹겹의 지구

지구의 가장 바깥 부분인 지각은 여러 개의 거대한 판으로 갈라진 채 맨틀 위에 둥둥 떠 있어요. 맨틀에서는 반쯤 녹은 암석이 섞이고 흩어지면서 지구 가장 안쪽의 뜨거운 열을 지각으로 전달하지요. 아주 뜨거운 지구의 핵은 주로 철과 니켈로 이루어져 있는데, 외핵은 액체 상태이지만 내핵은 고체 금속이에요.

약 46억 년 전, 태양이 만들어지고 남은 물질로 지구가 만들어졌어요. 처음에는 지각이 무척 뜨거워 녹아 있었지만 이후 천천히 식어 단단한 암석이 되었지요.

지구의 자기장

지구의 핵을 이루는 액체 상태의 금속이 소용돌이치면서 엄청난 전류가 생기고 자기장도 만들어져요. 지구는 자전축 가까이 자기를 띠는 두 극인 북극과 남극이 있는 거대한 자석과 같지요. 지구를 보호하듯 감싸고 있는 이 자기장을 자기권이라고 해요.

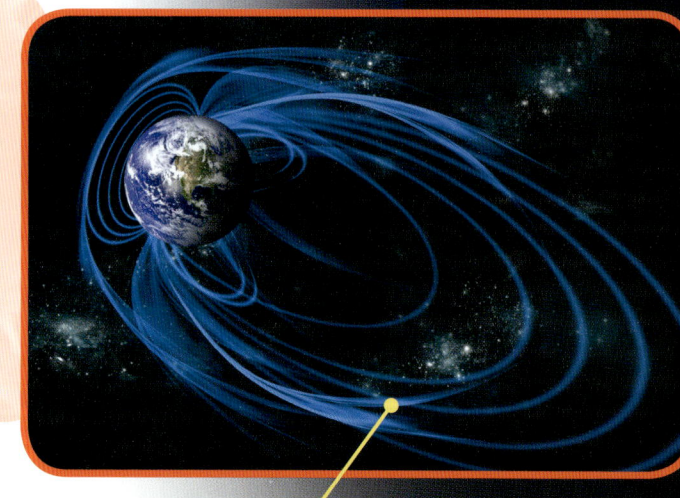

자기권은 태양에서 날아오는 위험한 입자들이 지구에 떨어지지 않게 막아 줘요. 에너지가 작고 해롭지 않은 태양 입자들은 극지방의 대기에 떨어져 오로라라는 빛을 만들어 내지요.

놀라운 발견

누가? 안드리야 모호로비치치
무엇을? 지구 안쪽의 구조
언제? 1909년
발견 이야기 과학자 모호로비치치는 지구 안쪽을 지나는 지진 충격파의 속도가 깊이에 따라 달라진다는 사실을 발견했어요. 암석의 종류와 온도에 따라 지진 충격파가 퍼지는 속도가 변했기 때문이지요. 이 발견으로 지구 안쪽이 서로 다른 여러 층으로 이루어져 있다는 사실을 알게 되었어요.

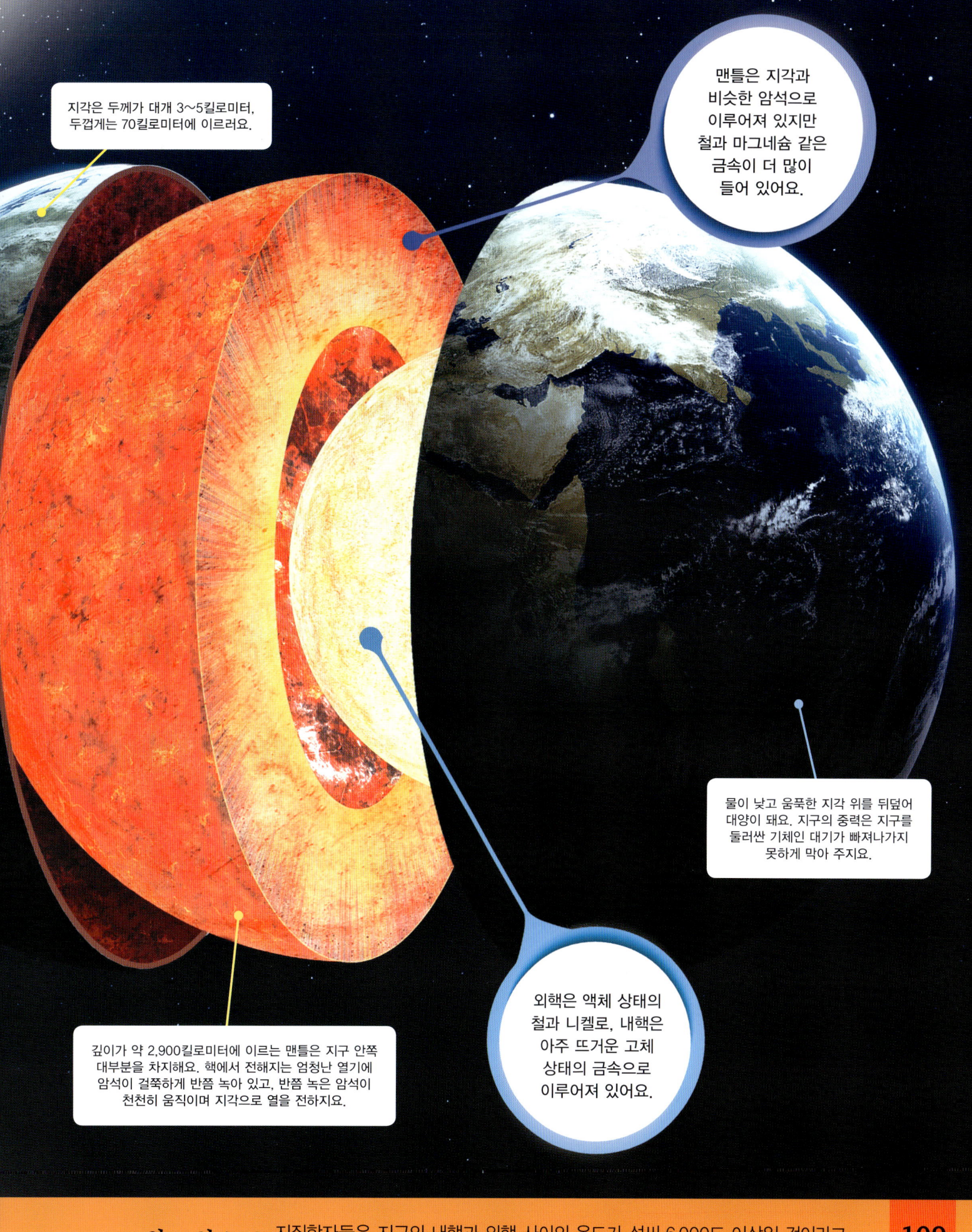

대기와 날씨

대기는 지구를 둘러싼 얇은 기체 층으로, 생물이 살아가는 데 꼭 필요해요. 우리가 숨 쉬는 공기일 뿐 아니라 지구가 너무 뜨거워지거나 차가워지지 않게 보호해 주기 때문이지요. 또 끊임없이 변화하는 기상 현상인 날씨를 만들어 내요.

대기 속 기체 원자들이 우주에서 날아온 입자들과 부딪히면 입자의 에너지를 받아 오로라라는 빛을 내뿜어요.

대기를 이루는 기체

대기가 태양의 열기를 흡수해서 가두지 않는다면 지구는 낮에는 참을 수 없을 만큼 덥다가 밤에는 꽁꽁 얼어붙을 만큼 추워질 거예요. 대기를 이루는 주요 기체는 질소와 산소인데, 바다와 대륙, 생물들이 서로 다른 기체 성분을 빨아들이거나 내뿜기 때문에 대기를 이루는 기체 성분들은 언제나 비슷한 비율로 섞여 있어요.

날씨는 지구와 가장 가까운 공기층인 대류권에서 나타나요.
1. 따뜻한 공기가 적도 근처에서 솟아올랐다가 추운 극지방 부근에서 가라앉아요.
2. 지구가 자전하면서, 그리고 공기가 솟아오르고 가라앉으면서 바람이 불어요.

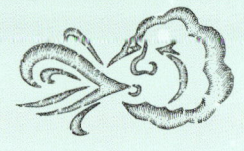

놀라운 발견

누가? 조지 해들리
무엇을? 무역풍
언제? 1735년
발견 이야기 영국의 아마추어 기상학자인 해들리는 지구의 자전과 대기의 순환으로 북반구에 무역풍이 분다고 밝혔어요. 무역풍은 지구 전체에 걸쳐 나타나는 거대한 공기의 흐름인 대기의 대순환 가운데 하나이지요.

오로라는 극지방 가까운 곳에서 관찰되기 때문에 북극광 또는 남극광이라고 불려요. 우주의 작은 입자들이 지구 자기장에 이끌려 날아와 대기에 부딪히면서 만들어지지요.

우주 입자와 부딪힌 산소는 고도에 따라 초록빛 또는 붉은빛으로 빛나요. 질소는 푸른빛이나 보랏빛을 내지요.

오로라는 대개 지표면에서 80~1,000킬로미터 떨어진 곳에 자리한 공기층인 열권에서 생겨요.

기후의 균형

이산화탄소는 유리로 만든 온실처럼 열기를 가두기 때문에 '온실 기체'라고 불려요. 그래서 대기 중의 이산화탄소는 지구를 따뜻하게 만들어 주지요. 하지만 인간이 석탄이나 석유 같은 화석 연료를 너무 많이 태우는 바람에 예전보다 이산화탄소가 더 많이 생겨나고 있어요. 그 바람에 지구가 더 빠르게 더워지고 기후도 빠르게 변하고 있지요.

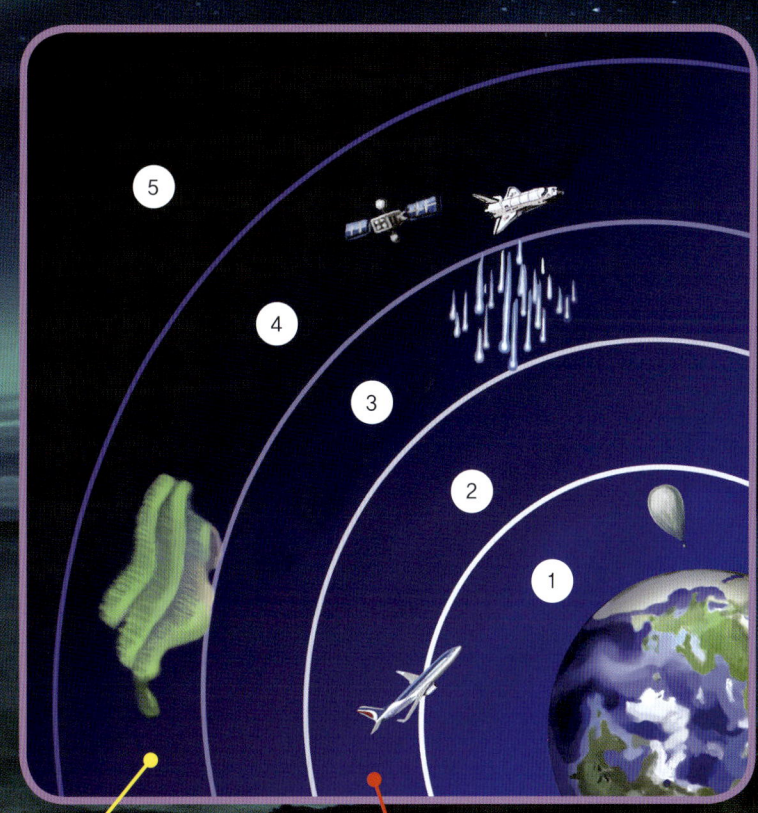

대기권은 지구에서 우주 공간으로 뻗어 있는 4개의 공기층과 그 바깥의 외기권으로 나뉘어요. 지표면에서 높이 올라갈수록 공기가 희박해지지요.

1. 대류권 : 지표면~약 12킬로미터
2. 성층권 : 약 12~50킬로미터
3. 중간권 : 약 50~80킬로미터
4. 열권 : 약 80~1,000킬로미터
5. 외기권 : 약 500~1만 킬로미터

알고 있나요? 지표면에서 1만 킬로미터 떨어진 하늘은 외기권과 우주의 경계예요. 이곳에 있는 가벼운 기체 입자들은 우주 공간으로 계속 날아가지요.

지구의 물

지구는 태양계에서 액체인 물과 고체인 얼음, 기체인 수증기가 함께 있을 수 있는 유일한 행성이에요. 물은 3가지 형태 사이에서 끊임없이 바뀌면서 지구 구석구석을 돌아다녀요. 이러한 물의 순환은 지구 곳곳의 모습을 바꾸기도 하지요.

물의 힘

물은 힘이 대단해요. 천천히 움직이는 얼음 덩어리인 빙하와 강은 지구 표면의 암석을 조금씩 닳게 하거나 깎아요. 파도도 절벽에 부딪히며 절벽을 점차 깎지요. 이렇게 수천 년이 지나면 지형이 변하고, 땅에 쌓인 퇴적물은 중력 때문에 점점 낮은 곳으로 옮겨 가요. 물이 지형을 깎아 내리는 침식은 바람, 더위나 추위가 일으키는 침식보다 강하지요.

물은 아래로 흐르는 성질을 띠어요. 빗물은 땅으로 떨어져 강과 호수, 지하로 흘러 바다에 이르지요.

미국 애리조나의 그랜드 캐니언은 평균 깊이가 1,600미터나 되는 계곡이에요. 콜로라도강이 600만 년 넘게 구불구불 흐르면서 주변 암석을 침식시켜 만들어졌지요.

놀라운 발견

누가? 벤저민 프랭클린
무엇을? 멕시코 만류
언제? 1769년~1770년
발견 이야기 미국의 발명가이자 과학자인 프랭클린은 대서양을 가로질러 북에서 동으로 흐르는 따뜻하고 빠른 해류인 멕시코 만류를 처음으로 연구하고 그 흐름을 도표로 만들었어요. 또 멕시코 만류가 더 큰 바다의 흐름 가운데 일부라고 추측했지요.

겨울에 내린 눈이 여름에도 녹지 않을 정도로 추운 곳에서는 눈이 쌓이고 쌓여 빙하가 만들어져요.

많게는 지구 대기의 4퍼센트가 수증기로 이루어져 있어요. 대기 속의 수증기가 물로 응축돼 구름을 이루고, 구름 속 물방울은 눈이나 비의 형태로 땅에 떨어지지요.

물의 분포

지구에 존재하는 물 대부분이 짠 광물과 섞여 바다를 이루어요. 짜지 않은 민물은 전체 물의 약 2.8퍼센트밖에 되지 않고, 민물 대부분은 극지방이나 높은 산에 얼음으로 존재하지요. 얼지 않은 민물은 호수나 강, 지하수에서 볼 수 있어요. 물은 대기 중에 수증기의 형태로도 존재하는데, 그 양은 매우 적지만 생태계에 무척 중요하지요.

비가 땅으로 내려 비탈 아래로 흘러가요.

구름이 육지로 옮겨 가요.

물이 바다에서 대기로 증발해요.

물이 다시 바다로 흘러가요.

바닷물이 태양열에 증발돼 수증기가 돼요. 수증기는 비나 눈의 형태로 땅으로 돌아가지요. 그 과정에서 물은 강이나 호수를 이뤄 바다로 다시 흘러가기도 하고, 오랜 시간에 걸쳐 그 지형을 변화시키기도 해요.

지구에 존재하는 물 일부는 그린란드나 남극을 뒤덮은 만년설의 형태로 존재해요.

알고 있나요? 만약 지구에 있는 물을 공으로 뭉치면 지름이 약 1,385킬로미터로 지구 부피의 0.1퍼센트밖에 되지 않지요.

지각

지구가 특별한 이유 가운데 하나는 지구 바깥 부분을 지각이 감싸고 있는 데 있어요. 지각은 7개의 큰 판과 10여 개의 작은 판으로 쪼개져 맨틀 위를 천천히 떠다니고 있지요. 이 판들이 수백만 년 동안 움직이며 대륙과 바다의 모습을 바꿔 왔는데, 판 구조론으로 이 과정을 설명할 수 있어요.

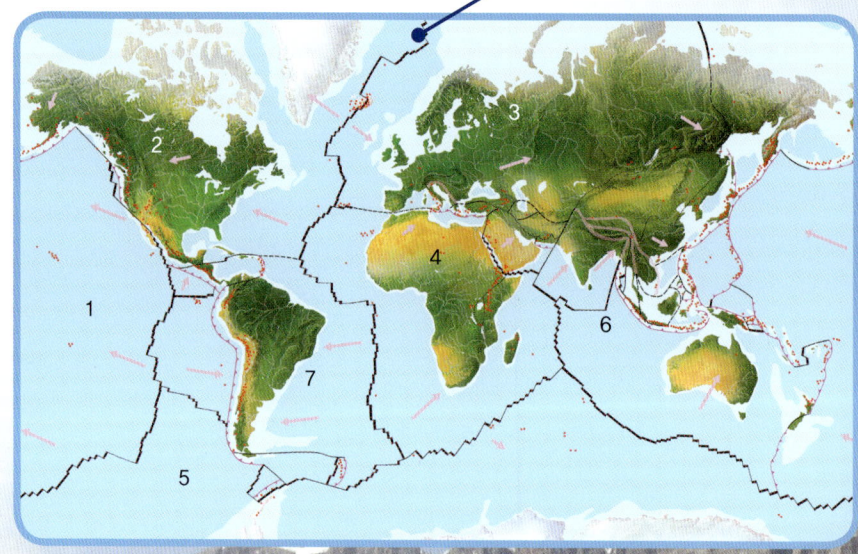

판이 서로 멀어지는 곳에서는 맨틀의 마그마가 뿜어져 나와 새로운 지각을 이루어요.

둥둥 떠다니는 대륙

지각은 맨틀에 비해 가벼운 암석으로 이뤄져 있기 때문에 맨틀 위에 떠다녀요. 산맥처럼 높은 지각은 빙산처럼 밑으로도 깊이 뻗어 있는데, 대륙 지각은 두껍게는 70킬로미터에 이르러요.

주요 판
1. 태평양판 2. 북아메리카판 3. 유라시아판 4. 아프리카판 5. 남극판
6. 인도-오스트레일리아판(오스트레일리아판과 인도판으로 분리) 7. 남아메리카판

중국의 장예 단샤 지질 공원에 있는 이 산을 보면 퇴적암이 어떻게 만들어지고 쌓이는지 알 수 있어요.

3가지 암석

마그마가 식으면 현무암 같은 화성암이 되는데, 주로 땅속이나 용암이 분출되는 화산 주변에 만들어져요. 반면 사암 같은 퇴적암은 암석에서 떨어져 나온 작은 입자들이 모이고 쌓이면서 만들어지지요. 변성암은 이미 만들어진 암석이 엄청난 열이나 압력을 받아 암석 속 광물의 성질이 변하면서 만들어져요. 퇴적암인 석회암이 열을 받으면 대리석이 되지요.

용암이 굳어 만들어진 화성암이 산을 이루기도 해요.

아무리 높은 산이라도 시간이 흐르면서 더위와 추위, 바람, 비에 조금씩 깎여 나가요.

수백만 년 전에 바다 아래에서 만들어진 암석이 솟아올라 산이 되기도 해요.

놀라운 발견

누가? 제임스 허턴
무엇을? 암석의 순환
언제? 1785년
발견 이야기 스코틀랜드의 지질학자 허턴은 3가지 종류의 암석이 연결되어 있다는 사실을 밝혔어요. 암석은 지구가 만들어졌을 때부터 가라앉거나 솟아오르고, 쪼개지거나 닳고, 열과 압력에 변하며 3가지 종류를 오가고 있는 거예요.

알고 있나요? 지각 판은 대개 1년에 3~5센티미터 정도 움직여요. 하지만 남아메리카의 나스카판은 2배 정도 빠르게 움직이지요.

115

화산과 지진

지각 판들이 서로 부딪히는 곳에서는 엄청난 힘이 뿜어져 나와 다양한 자연 현상이 일어나요. 화산과 지진이 대표적이에요. 거대한 암석이 휘어지거나 갈려 나가며 어긋나는 과정에서 강력한 지진이 일어나 땅이 갈라지고 흔들리지요. 또 판이 맨틀 아래로 밀려 들어가는 곳에서는 녹아 있는 뜨거운 마그마가 화산으로 뿜어져 나와요. 지진과 화산 폭발은 따로 일어나기도 하지만 동시에 일어나 더 큰 피해를 주기도 해요.

> 화산이 분화하면 지표면 아래에 갇힌 마그마와 기체가 터져 나와요.

판의 경계

2개의 판이 부딪힌다고 늘 같은 현상이 일어나지는 않아요. 지각의 유형에 따라 서로 다른 일이 벌어지지요. 얇은 해양 지각과 두꺼운 대륙 지각이 부딪히면 해양 지각이 대륙 지각 아래로 밀려 내려가며 맨틀에 녹아요. 그 과정에서 열이 빠져나와 화산을 이루지요. 반면 대륙 지각끼리 부딪히면 하나의 판이 휘어지며 다른 판 위로 올라가 높은 산맥을 만들어 내요.

- 수렴 경계
- 발산 경계
- 보존 경계

판이 맞부딪히는 곳을 수렴 경계, 서로 멀어지는 곳을 발산 경계라고 해요. 발산 경계는 주로 바다 밑에 만들어지지요. 한편 판이 미끄러지듯 스쳐 지나가는 곳을 보존 경계라고 해요.

놀라운 발견

누가? 알프레트 베게너
무엇을? 대륙 이동설
언제? 1915년
발견 이야기 기상학자 베게너는 서로 멀리 떨어진 대륙의 가장자리가 퍼즐처럼 딱 들어맞는 것은 대륙이 맨틀 위에 떠서 움직이며 분리되거나 합쳐지기 때문이라고 주장했어요. 하지만 대륙이 천천히 움직인다는 주장은 1950년대가 되어서야 인정받았지요.

판이 움직이며 땅속 암석을 녹여 뜨거운 마그마가 만들어져요. 이 마그마가 땅 위로 솟아오르는 곳을 화산, 분출된 마그마를 용암이라고 하지요.

지진

지각이 갑자기 움직이면 땅에 파동이 일면서 지진이 일어나요. 또 판이 서로 부딪히거나 미끄러지듯 스쳐 지나가는 곳에서도 지진이 일어나지요. 지진파는 지각을 따라 퍼지거나 지구 안쪽으로 전해져서 때로는 한 곳에서 일어난 지진이 지구 반대편에서 감지되기도 해요.

멕시코의 수도 멕시코시티는 지진이 자주 일어나는 곳 가운데 하나예요. 하지만 과학자들도 재난을 일으키는 큰 지진이 언제 그리고 어디에서 발생할지 정확하게 예측하지 못해요.

화산에서 나온 용암이 빠르게 식어 굳으면 새로운 화성암이 만들어져요.

화산과 지진은 주로 판의 경계에서 일어나요. 또 맨틀 깊은 곳의 물질들이 기둥 모양으로 올라오는 열점 위에서도 발생하지요.

알고 있나요? 1883년, 인도네시아의 크라카타우산이 폭발했을 때 화산에서 약 4,800킬로미터 떨어진 곳까지 폭발음이 들렸다고 해요.

지구와 달

지구처럼 암석 덩어리인 달은 27.3일마다 한 바퀴씩 지구 주위를 도는 지구의 위성이에요. 지름은 약 3,476킬로미터로 지구 지름의 4분의 1 정도이고, 지구에서 약 40만 킬로미터 떨어져 있지요. 무척 먼 거리 같지만 지구에 많은 영향을 줄 만큼 가깝지요.

생명이 살지 않는 세계

달은 크기가 작고 중력도 작아서 대기가 머물지 못해요. 그래서 생명도 살지 못하지요. 또 달 표면에는 물이나 지각 판도 없어요. 달이 지닌 가장 큰 특징은 밝은색을 띤 고원과 어둡고 매끄러운 '바다'인데, 달의 바다는 먼 옛날 화산에서 나온 용암이 굳은 흔적이에요. 달의 고원은 달이 처음 생겨났을 때 운석이 날아와 부딪히면서 만들어진 크레이터로 뒤덮여 있지요.

약 30억 년 전에 달에서 화산 폭발이 멈추었어요. 그 뒤로는 이따끔 소행성이 부딪혀 크레이터가 만들어졌을 뿐이에요.

소행성이 달에 충돌하면서 퍼져 나온 먼지가 달 표면에 밝은 줄무늬를 만들어 내요.

달은 스스로 빛을 내지 못하고 태양 빛을 반사해 빛나요. 그런데 빛을 반사해 밝게 보이는 면적이 지구 주위를 도는 위치에 따라 달라지기 때문에 지구에서는 마치 달의 모양이 변하는 것처럼 보여요.

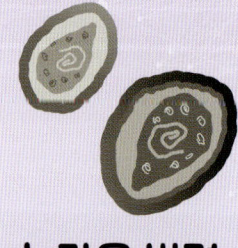

놀라운 발견

누가? 아폴로호의 우주 비행사들
무엇을? 달의 기원
언제? 1969년~1972년
발견 이야기 달로 날아간 우주선 아폴로호의 우주 비행사들은 달의 암석을 모아서 지구로 가져왔고, 과학자들은 이 암석을 연구해 달이 약 45억 1,000만 년 전에 지구와 충돌한 화성 크기의 행성에서 떨어져 나온 암석으로 만들어졌을 거라고 밝혀냈어요.

알고 있나요? 지구의 썰물과 밀물 현상으로 지구의 자전 주기가 조금씩 길어지고 달도 지구에서 매년 3.8센티미터씩 멀어지고 있어요.

달에는 달을 감싸 주는 대기가 없기 때문에 달의 온도가 낮에는 120도까지 올라가고 밤이면 영하 170도까지 내려가요.

거대한 달의 '바다'는 화산에서 뿜어져 나온 용암으로 채워져 있어서 색이 어두워요.

만유인력과 조수

달은 만유인력으로 지구를 끌어당겨요. 그러면 달에 가까운 바다와 그 반대쪽 바다가 그 힘에 이끌려 높게 차올라요. 여기에 지구와 달의 위치가 지구의 자전으로 계속 달라지면서 바닷물이 매일 차올랐다가 떠밀려 가는 현상인 밀물과 썰물, 즉 조수가 생겨나요.

달과 태양의 힘이 반대 방향으로 작용해 서로의 힘을 약하게 만들어 조수 작용도 약해져요.

달과 태양의 힘이 같은 방향으로 작용해 바닷물이 더 높게 차오르거나 더 낮게 가라앉아요.

태양의 만유인력도 바닷물이 높아지게 해요. 이 힘은 달이 끌어당기는 힘과 (1) 반대 방향으로 작용하거나 (2) 같은 방향에서 작용하지요.

태양계

태양의 강력한 힘에 붙들려 태양 주위를 맴도는 천체들을 태양계라고 하는데, 지구는 태양계 행성 8개 가운데 3번째 행성이에요. 태양계에는 행성뿐 아니라 암석으로 된 소행성들이 태양 가까운 곳에 자리하고, 꽁꽁 얼어붙은 혜성이나 왜성이 그보다 먼 곳에 자리하고 있지요.

태양계의 행성

태양과 가까운 행성은 수성, 금성, 지구, 화성이에요. 지구는 암석으로 된 이 행성들 가운데 가장 크지요. 이보다 먼 곳에는 기체로 된 목성, 토성, 천왕성, 해왕성이 있는데, 행성마다 고리와 위성을 가지고 있어요. 그 가운데 목성이 가장 크지요.

해왕성

천왕성

밝은색을 띠는 토성의 고리는 토성 주위를 도는 수많은 얼음 조각으로 이루어져 있어요.

지름이 약 139만 킬로미터인 태양은 불을 뿜는 거대한 기체 공이에요. 태양계 전체 질량의 약 99.8퍼센트를 차지하고 엄청난 빛과 열을 내뿜지요.

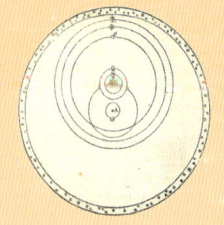

놀라운 발견

누가? 튀코 브라헤, 요하네스 케플러
무엇을? 행성 궤도
언제? 1572년~1619년
발견 이야기 케플러는 브라헤가 화성을 자세히 관찰한 자료를 살펴보고 행성이 완벽한 원 모양으로 움직이지 않는다는 사실을 발견했어요. 그는 행성이 기다란 타원형 궤도로 태양을 돌며 태양에 가까워질수록 더 빨리 움직인다고 설명했지요.

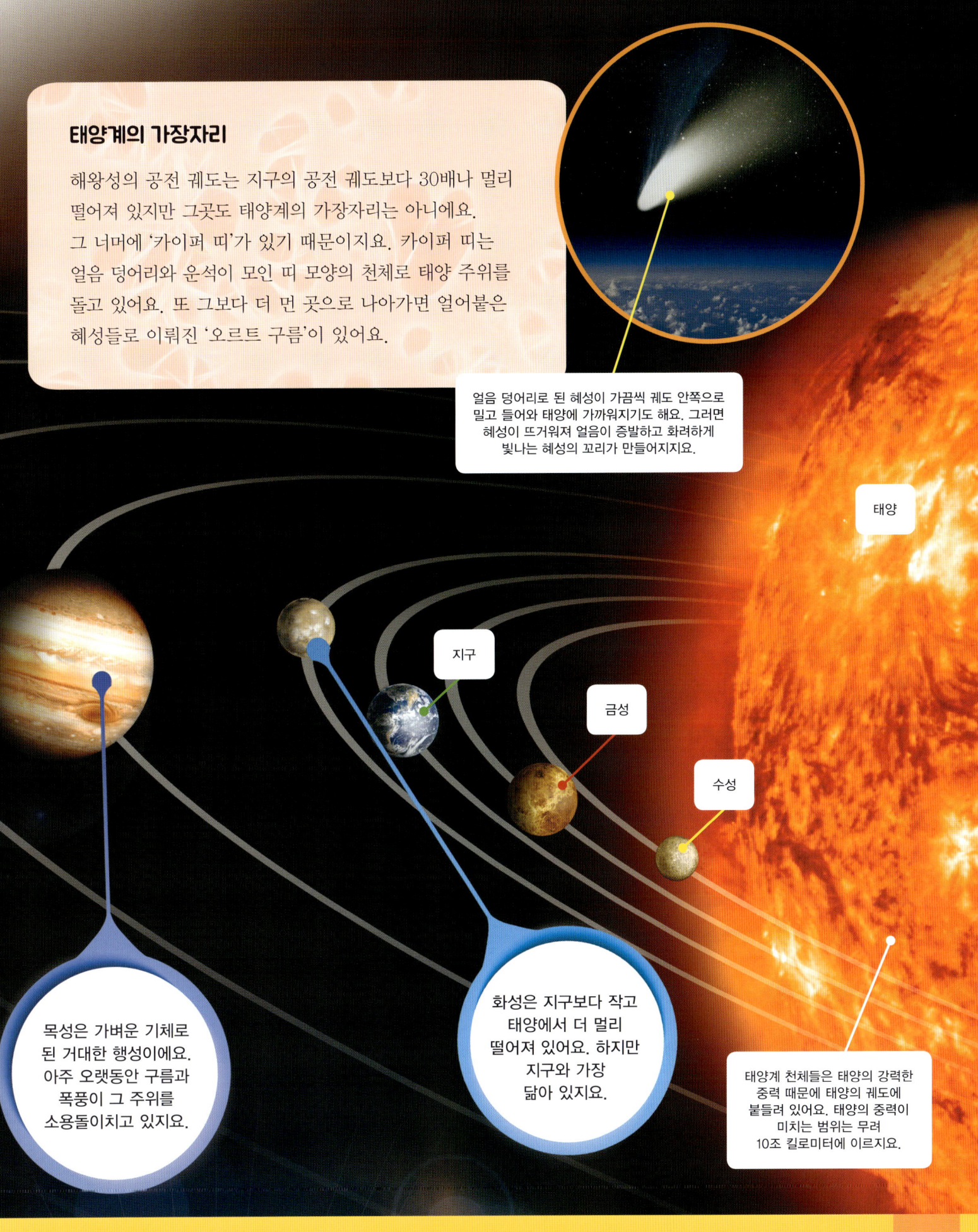

항성과 은하

태양은 천천히 회전하는 나선 은하에 있는 항성 2,000억 개 가운데 하나예요. 항성은 스스로 빛을 내는 천체로, 별이라고도 해요. 태양은 평범한 항성이지만 가까이 있기 때문에 우리 눈에 유독 밝게 보여요. 다른 항성들은 너무 멀리 떨어져 있는 데다 그 빛이 지구에 도달하려면 시간이 많이 걸리지요.

항성의 종류

항성은 지구와의 거리, 내뿜는 빛 에너지의 양에 따라 밝기가 달라져요. 항성이 빛을 내는 건 핵융합 반응이 수십억 년 동안 계속되기 때문인데, 에너지가 태양보다 5만 배 낮은 왜성부터 3,000만 배 높은 밝은 거성까지 다양해요.

온도와 밝기가 각기 다른 항성들을 보여 주는 그래프예요. 붉은 항성은 온도가 낮고 푸른 항성은 온도가 더 높지요.

항성의 유형
1. 백색 왜성
2. 청색 거성
3. 적색 왜성
4. 태양과 비슷한 항성
5. 적색 초거성

항성의 죽음

항성은 한가운데에서 타오르던 연료가 사라지면 서서히 죽음을 맞이해요. 죽음을 맞이하는 항성은 우선 크기가 커지고 밝아져서 적색 거성이 돼요. 하지만 무겁지 않은 항성들은 바깥 부분이 날아가 사라지고 연료를 다 태운 중심만 남는데, 이 상태를 백색 왜성이라고 해요.

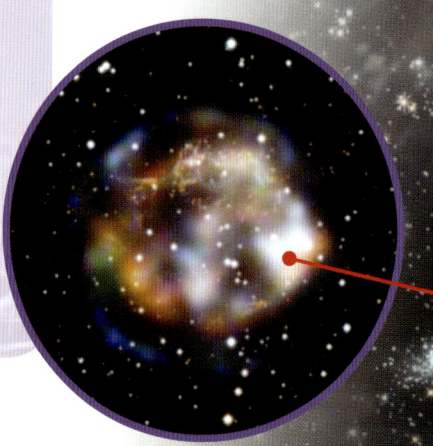

초신성이라고도 불리는 거대한 항성들은 폭발하면서 죽음을 맞이하는데, 폭발할 때면 환한 빛이 은하 전체에 퍼지지요. 그리고 나면 부글부글 끓는 아주 뜨거운 기체만 남아 우주로 퍼져 나가요.

놀라운 발견

누가? 아이나르 헤르츠스프룽, 헨리 노리스 러셀
무엇을? 항성의 등급과 온도
언제? 1910년~1913년
발견 이야기 헤르츠스프룽과 러셀은 항성은 밝을수록 더 뜨겁다는 단순한 규칙을 발견했어요. 하지만 적색 거성처럼 밝지만 차갑거나 백색 왜성처럼 희미하게 빛나지만 뜨거운 항성도 있지요.

우주

우주는 끝을 알 수 없이 광대하게 펼쳐지는 시공간이에요. 태양계가 있는 은하계도 1,000억 개가 넘는 은하 가운데 하나일 뿐이지요. 정밀한 망원경으로 하늘을 관찰하면 우주에 펼쳐진 은하 수백만 개를 볼 수 있어요.

나선 은하의 바깥쪽은 생긴 지 얼마 되지 않은 항성들이 있어서 푸른색이나 흰색으로 보여요.

우주에서 거리 재기

천문학자들은 시간에 따라 빛의 세기나 밝기가 달라지는 별인 변광성을 관찰해 다른 은하들이 얼마나 멀리 떨어져 있는지 알아내요. 변광성의 실제 밝기와 현재 거리에서 보이는 밝기를 비교하면 그 거리를 알아낼 수 있는데, 대개 수백만 광년은 떨어져 있지요. 멀리 떨어진 은하에서 폭발하는 초신성의 밝기를 관찰해 은하 간 거리를 잴 수도 있어요.

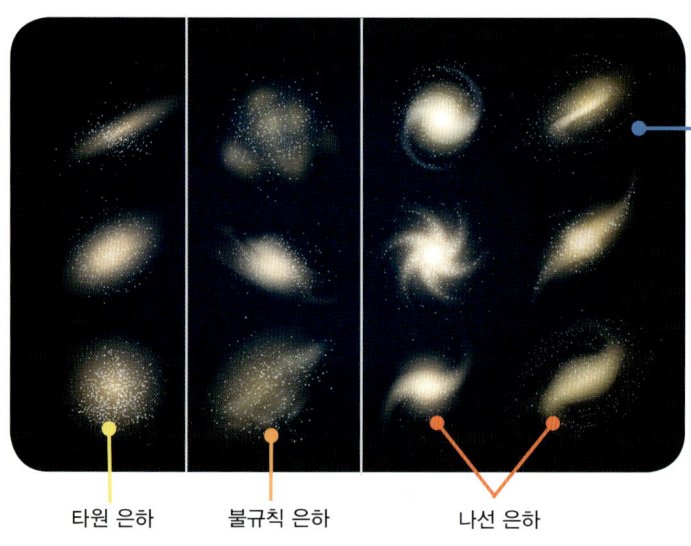

타원 은하 불규칙 은하 나선 은하

은하는 형태가 다양해요. 대부분은 은하계처럼 나선 모양이지만 타원 모양의 은하도 있고 정해진 형태가 없이 기체 덩어리로 된 불규칙 은하도 있어요.

팽창하는 우주

천문학자들은 우리와 가까운 외부 은하까지의 거리를 계산하다가 우주가 팽창한다는 사실을 발견했어요. 게다가 우리와 멀리 떨어진 은하일수록 더 빨리 멀어지고 있었지요. 우주가 팽창하면서 은하들이 서로 멀어지고 있는 거예요. 굽기 전에는 가까이 있던 빵 반죽 위의 건포도들이 오븐에서 부풀어 오르면 서로 멀어지는 것처럼요.

천문학자들은 천체들이 내뿜는 빛의 파장을 관찰해 행성과 은하가 어떻게 움직이는지를 알아내요. 지구와 멀어지는 천체가 내보내는 빛은 더 멀리까지 뻗어 나가 붉은색에 가까운 파장을 보이지만, 지구와 가까워지는 천체는 푸른빛 파장을 띠지요.

알고 있나요? 우리가 지금 관찰하는 먼 우주의 모습은 과거의 모습이에요. 가장 멀리 떨어진 은하에서 나온 빛을 보려면 134억 년이 걸리기도 하지요.

우리와 멀리 떨어진 은하는 붉은색으로 보여요. 빠르게 멀어지는 은하일수록 빛의 파장이 길어져 붉은색에 가까워지거든요.

은하의 중심에는 때로 거대한 블랙홀이 자리해요. 블랙홀은 에너지가 큰 입자들을 우주로 뿜어내지요.

은하는 보는 각도에 따라 모양이 달라 보여요. 이 사진은 옆에서 본 나선 은하예요.

타원 은하에는 대개 붉은색과 노란색 항성들이 모여 있어요.

놀라운 발견

누가? 헨리에타 스완 레빗(왼쪽 사진), 에드윈 허블
무엇을? 우주의 크기
언제? 1902년~1929년
발견 이야기 레빗은 변광성의 밝기가 변하는 데 걸리는 시간인 변광 주기와 별의 밝기가 연관되어 있다는 사실을 처음으로 알아냈어요. 그 뒤 허블이 변광 주기와 별의 밝기를 이용해 가까운 은하와의 거리를 추정하였고, 우주가 팽창한다는 사실을 알아냈지요.

빅뱅과 그 이후

지금의 우주는 약 137억 년 전에 엄청나게 큰 폭발과 함께 태어났어요. 이 사건을 빅뱅이라고 하지요. 빅뱅이 일어나기 전의 우주는 밀도가 무척 크고 뜨거웠을 거예요. 하지만 엄청난 에너지를 뿜으며 폭발해 팽창하는 우주와 우주의 모든 물질이 만들어졌지요. 심지어는 시간과 공간도요.

물질, 에너지, 우주, 시간은 모두 137억 년 전에 일어난 빅뱅으로 만들어졌어요.

빅뱅의 증거

우주가 끊임없이 팽창해 은하들이 서로 멀어지고 있다는 사실은 이미 증명되었어요. 이 사실을 거꾸로 생각하면 아주 먼 옛날에는 우주가 아주 작고 모든 물질들이 가까웠다는 사실을 알 수 있지요. 게다가 우주를 들여다보면 빅뱅이 남긴 희미한 '우주 배경 복사'를 지금도 볼 수 있어요.

우주 배경 복사는 하늘 전체에서 희미하게 빛나는 라디오파예요. 이 파장은 빅뱅 이후의 우주 초기에 우주로 퍼져 나간 빛으로, 빅뱅의 증거로 받아들여지지요.

우주의 미래

우주의 미래는 어떻게 펼쳐질까요? 여기에는 3가지 가능성이 있어요. 물질들이 지닌 중력 때문에 우주가 팽창하는 속도가 느려지다가 결국 물질들이 다시 모여들어 우주가 작아질 수 있어요. 그와는 반대로 암흑 에너지라는 힘이 모든 물질을 더 빠르게 밀어내 우주가 찢어져 버릴 수도 있지요. 또는 지금처럼 계속 팽창할 수도 있어요.

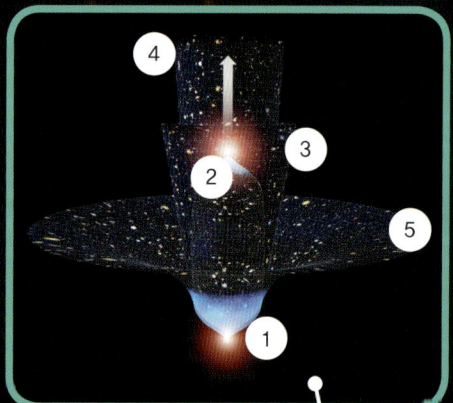

우주는 (1) 빅뱅으로 시작되었어요. 우주는 우주 물질이 (2) 다시 한데 뭉치면서 끝나거나 (3) 계속해서 팽창할 수도 있지요. 아직 그 정체가 정확히 알려지지 않은 우주의 힘인 암흑 에너지가 없다면 우주는 (4)의 모양으로 뻗어 나가겠지만 암흑 에너지가 너무 많아서 (5) 결국 모든 것이 산산이 찢겨 나갈 수도 있어요.

126

용어 설명

■ **결정**
물질 속 원자 또는 분자가 규칙적인 패턴으로 배열된 물질이에요.

■ **광물**
결정 구조를 가지는 고체 형태의 화학 화합물로, 주로 자연에 존재해요.

■ **논리 게이트**
이진법으로 논리 연산을 하는 컴퓨터 회로예요. 논리 연산은 참과 거짓 2개 값 가운데 하나를 결정하는 연산이지요.

■ **디지털**
신호나 정보를 이진법으로 나타내는 방식이에요.

■ **라디오파**
빛보다 훨씬 작은 에너지를 가진 전자기파로 파장의 길이가 다양해요. 신호를 주고받을 때 많이 쓰여요.

■ **물질**
질량을 지니고 공간을 차지하는 모든 것을 말해요.

■ **방사능**
화학 원소의 원자핵이 붕괴되면서 방사선이라는 전자기파를 방출하는 성질을 말해요.

■ **분자**
물질에서 화학적 형태와 성질을 잃지 않고 분리될 수 있는 가장 작은 단위예요. 보통 원자가 둘 이상 결합한 입자이지요.

■ **아원자 입자**
원자보다 작은 입자를 가리키는 말로 원자핵, 양성자, 전자가 모두 아원자 입자예요.

■ **암흑 에너지**
아직 정확하게 밝혀지지 않은 에너지인데, 우주 전체에 고르게 퍼져 있으며 우주가 팽창하는 속도를 높여요.

■ **양성자**
중성자와 함께 원자핵을 이루는 입자로 양의 전하를 띠어요.

■ **양자 물리학**
물질 입자가 가지는 파동 같은 성질을 설명하는 양자 역학을 기초로 하는 물리학을 모두 가리키는 말이에요. 현대 물리학의 많은 분야가 양자 물리학이지요.

■ **이진법**
0과 1만 사용하는 숫자 표기 방법이에요. 우리가 보통 사용하는 표기법은 십진법이지요.

■ **자기장**
자석이나 전기 주위에 생겨나는 전자기예요.

■ **전자**
음전하를 띠고 원자핵을 도는 입자예요. 전자가 한 곳에서 다른 곳으로 이동하면서 전기가 발생하지요.

■ **전자기력**
전기나 자기에 의한 힘을 모두 아우르는 말로, 전자기장 안의 전하, 자기량, 전류가 받는 힘이에요.

■ **전하**
물체가 띠고 있는 정전기의 양을 말해요. 음전하와 양전하가 있지요.

■ **초전도체**
초전도를 나타내는 물질이에요. 초전도는 금속이나 합금이 매우 낮은 온도에서 전기 저항이 사라져 에너지를 잃지 않으면서 전기를 전달하는 현상이지요.

■ **코일**
나사나 원통 모양으로 여러 번 감은 선이에요.

■ **파동**
한 곳에서 생긴 물리적인 변화가 주변으로 차츰 퍼져 나가는 현상이에요.

■ **합금**
금속을 2가지 이상 또는 금속과 비금속을 섞은 화합물이에요.

■ **항성**
중심부에서 핵융합 반응을 일으켜 스스로 빛을 내는 공 모양의 천체로, 쉬운 말로는 별이라고 해요.

■ **핵**
원자 한가운데에 자리하는 입자로, 양자와 중성자가 결합해 양전하를 띠며 원자 질량의 대부분을 차지해요.

■ **효소**
화학 반응을 조절하는 단백질이에요.

   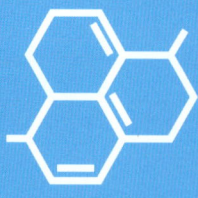
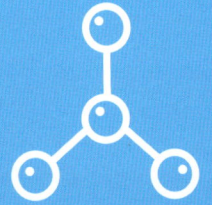  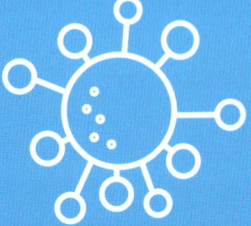

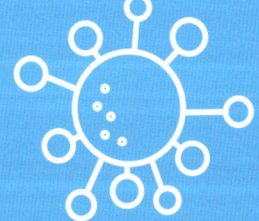 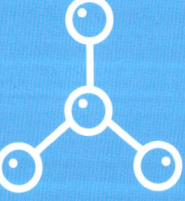